J.D. PONCE SU LAOZI

UN'ANALISI ACCADEMICA DEL TAO TE CHING

© 2024 di J.D. Ponce

INDICE

CONSIDERAZIONI PRELIMINARI --5

Capitolo I: PAESAGGIO STORICO DELLA CINA ANTICA ----------------------6

Capitolo II: STRUTTURE SOCIALI E VITA AL TEMPO DI LAOZI------------7

Capitolo III: CLIMA POLITICO E INFLUENZE SULLA GOVERNANCE ----9

Capitolo IV: CREDENZE E PRATICHE RELIGIOSE----------------------------11

Capitolo V: MOVIMENTI FILOSOFICI AI TEMPI DI LAOZI --------------------13

Capitolo VI: IL CONCETTO DI "TAO": ESPLORARE LA VIA ------------------17

Capitolo VII: "TE" - LA VIRTÙ DEL CARATTERE MORALE -------------------19

Capitolo VIII: "WU WEI" - IL PRINCIPIO DI NON AZIONE--------------------21

Capitolo IX: SEMPLICITÀ E RITORNO ALLA NATURA------------------------23

Capitolo X: GOVERNANCE PER INAZIONE-------------------------------------25

Capitolo XI: LA COMPLEMENTARITÀ YIN-YANG-----------------------------26

Capitolo XII: ACQUA, OPPOSTI, PARADOSSI E MEDITAZIONE-----------27

Capitolo XIII: ANALISI DEL "TAO CHING" – CAPITOLI DA 1 A 37----------29

Capitolo XIV: ANALISI DEL "TE CHING" – CAPITOLI DAL 38 AL 81------114

Capitolo XV: 50 CITAZIONI CHIAVE DE LAOZI -------------------------------203

CONSIDERAZIONI PRELIMINARI

Nell'antico paesaggio della Cina, tra i tesori filosofici preservati attraverso i millenni, si trova l'enigmatica e profonda opera nota come Tao Te Ching. Al suo centro c'è la saggezza della leggendaria figura di Laozi, la cui influenza ha trasceso il tempo e continua a risuonare con i cercatori di verità e armonia in tutto il mondo.

Laozi, spesso venerato come il fondatore del taoismo, rimane una figura misteriosa avvolta nelle nebbie della storia. I resoconti tradizionali lo descrivono come un saggio vissuto nel VI secolo a.c., custode di antiche conoscenze e promotore di una vita in armonia con l'ordine naturale. I suoi insegnamenti, esposti nel Tao Te Ching, sono caratterizzati dalla loro semplicità, profondità e rilevanza senza tempo per l'esperienza umana.

Il Tao Te Ching, noto anche come Dao De Jing, incarna le intuizioni filosofiche e la guida spirituale di Laozi, incapsulando l'essenza del Tao, o Via. È composto da 81 capitoli poetici organizzati in due parti (Tao Ching e Te Ching) che approfondiscono la natura dell'esistenza, l'arte del governo e il raggiungimento della pace interiore. Come testo fondamentale del pensiero taoista, esplora i principi di wu wei (azione senza sforzo), l'interconnessione di tutte le cose e la ricerca dell'equilibrio e dell'armonia.

L'enfasi di Laozi sull'ordine naturale, il potere dell'umiltà e la virtù della non-contesa parlano di aspetti fondamentali dell'esperienza umana che rimangono costanti nonostante il passare dei secoli. In effetti, l'adattabilità e l'universalità degli insegnamenti di Laozi sottolineano la loro rilevanza duratura in un mondo in continuo cambiamento.

Capitolo I
PAESAGGIO STORICO DELLA CINA ANTICA

Il periodo in cui Laozi visse e insegnò fu un momento di profondo cambiamento e sconvolgimento nella storia cinese. Fu un'epoca segnata dalla transizione dal periodo delle primavere e degli autunni al periodo degli Stati combattenti, caratterizzato da guerre, frammentazione politica e disordini sociali.

In questo periodo, la Cina era composta da numerosi stati, ognuno dei quali gareggiava per il potere e il predominio sugli altri. Questa era vide l'ascesa di pensatori e filosofi influenti, le cui idee continuano a plasmare il pensiero e la cultura cinese. Fu in questo contesto di trasformazione sociale e fermento intellettuale che Laozi compose il Tao Te Ching, un testo che avrebbe avuto un impatto duraturo sulla civiltà cinese.

Il panorama storico dell'antica Cina è stato anche plasmato dallo sviluppo di tradizioni filosofiche e religiose chiave, tra cui il confucianesimo, il legalismo e il taoismo. Il confucianesimo ha sottolineato l'importanza della coltivazione morale, dell'armonia sociale e della governance etica, mentre il legalismo ha sostenuto leggi severe e un'autorità centralizzata per garantire l'ordine sociale. Il taoismo, a cui Laozi è strettamente associato, ha offerto una visione diversa, sottolineando l'armonia del mondo naturale, la ricerca della pace interiore e il concetto di wu-wei, o non-azione.

Inoltre, il panorama storico dell'antica Cina fu profondamente influenzato dai progressi in agricoltura, tecnologia e commercio. La prosperità e la stabilità di uno stato dipendevano dalla sua capacità di gestire e sfruttare questi sviluppi, portando a implicazioni significative sia per la politica che per la società.

Capitolo II
STRUTTURE SOCIALI E VITA AL TEMPO DI LAOZI

Il VI secolo a.c. fu un periodo caratterizzato da significativi cambiamenti sociali e fornisce un contesto fondamentale per comprendere l'ambiente che plasmò i pensieri e la filosofia di Laozi.

Durante l'era di Laozi, la struttura sociale nell'antica Cina era principalmente gerarchica, con una netta divisione tra classe dirigente, studiosi, artigiani, contadini e mercanti. La classe dirigente deteneva un immenso potere e ricchezza, mentre gli studiosi erano venerati per la loro abilità intellettuale e spesso fungevano da consiglieri dell'élite dirigente. Artigiani, contadini e mercanti costituivano la spina dorsale dell'economia, ognuno dei quali contribuiva alla stabilità e alla prosperità complessiva della società.

La vita quotidiana degli individui di questi diversi strati sociali era intricatamente intrecciata con i principi e i rituali confuciani, sottolineando la pietà filiale, il rispetto per gli anziani e l'aderenza alle relazioni gerarchiche. Queste norme sociali influenzavano pesantemente le interazioni interpersonali e le aspettative degli individui all'interno dei rispettivi ruoli sociali.

Inoltre, la famiglia svolgeva un ruolo centrale nella vita delle persone al tempo di Laozi, con la discendenza, il culto degli antenati e la venerazione degli antenati che costituivano parti integranti del tessuto sociale. Il concetto di onore e dovere familiare permeava ogni aspetto della vita, guidando il comportamento e le relazioni all'interno della comunità.

L'importanza dell'agricoltura non può essere sopravvalutata quando si discutono le strutture sociali dell'epoca di Laozi. L'agricoltura non solo forniva sostentamento, ma influenzava anche il ritmo della vita, poiché il calendario agrario determinava il flusso delle attività e delle feste. La dipendenza dall'agricoltura favoriva un profondo legame con la terra e i suoi cicli, plasmando la visione del mondo e i valori delle persone.

Allo stesso tempo, il commercio e gli scambi iniziarono a prosperare durante questo periodo, portando all'emergere di mercati e scambi economici che facilitarono lo scambio di beni e idee. Questa fiorente attività commerciale determinò una convergenza di diverse culture, credenze e pratiche, arricchendo l'arazzo culturale dell'antica Cina.

Capitolo III
CLIMA POLITICO E INFLUENZE SULLA GOVERNANCE

Come abbiamo sottolineato, durante il periodo di Laozi, l'antica Cina era caratterizzata da un complesso panorama politico influenzato da una miriade di stati in guerra e dinamiche di potere mutevoli. Il periodo noto come Periodo delle primavere e degli autunni (771-476 a.c.) vide la frammentazione dell'autorità centrale e l'ascesa di governanti regionali e locali in competizione per il predominio. Questa era fu caratterizzata da guerre incessanti, intrighi politici e sconvolgimenti sociali, creando un ambiente di incertezza e instabilità per i cittadini.

La filosofia di governo prevalente all'epoca era radicata negli insegnamenti del confucianesimo e del legalismo. Il confucianesimo sottolineava l'importanza della moralità, dell'etica e della struttura gerarchica della società, sostenendo la formazione di leader virtuosi che avrebbero dato l'esempio alla popolazione. Al contrario, il legalismo promuoveva la stretta aderenza alle leggi, punizioni severe e la centralizzazione del potere nelle mani del sovrano, considerando la natura umana come intrinsecamente egoista e richiedente un forte controllo autoritario. Queste ideologie contrastanti esercitarono un'influenza significativa sui sovrani e sulle decisioni che presero nel governare i rispettivi territori.

È in questo contesto turbolento e politicamente carico che Laozi ha offerto la sua prospettiva alternativa sulla governance attraverso il concetto di Taoismo. Gli insegnamenti di Laozi nel Tao Te Ching sostenevano un approccio più armonioso alla leadership, enfatizzando l'ordine naturale delle cose, l'umiltà e la non interferenza. La sua filosofia incoraggiava i governanti a governare con compassione e moderazione, allineando le loro azioni al flusso del Tao, piuttosto che imporre rigide strutture e regolamenti al popolo.

Il clima politico prevalente ebbe un profondo impatto sul tessuto sociale, alimentando un senso di disillusione e malcontento tra la popolazione. Il costante stato di conflitto e lotte di potere portò molti a desiderare uno stile di vita più pacifico ed equo, spingendoli a cercare conforto nella saggezza senza tempo sposata da Laozi. In quanto tale, la filosofia di Laozi sulla governance può essere vista come una risposta alle carenze e ai fallimenti delle ideologie politiche dominanti all'epoca, offrendo un'alternativa convincente che trovò riscontro in coloro che erano disillusi dal tumultuoso stato delle cose.

Capitolo IV
CREDENZE E PRATICHE RELIGIOSE

Nel VI secolo a.c., la Cina era una terra ricca di diverse credenze e pratiche religiose, ciascuna delle quali svolgeva un ruolo significativo nel plasmare il panorama spirituale e culturale dell'epoca. Il confucianesimo aveva iniziato a emergere come sistema filosofico ed etico dominante, sottolineando l'importanza dell'armonia sociale, della condotta morale e del rispetto per la tradizione. La sua influenza si estendeva oltre il regno della filosofia e della governance, permeando i valori e i rituali della società.

Allo stesso tempo, anche il Daoismo stava prendendo piede, introducendo un approccio più mistico e introspettivo alla vita e alla spiritualità. I Daoisti cercarono di allinearsi all'ordine naturale dell'universo, promuovendo spontaneità, semplicità e una profonda connessione con la natura. Questa visione del mondo contrastante offriva un'alternativa convincente all'enfasi confuciana sulla gerarchia sociale e sulla proprietà rituale.

Un altro sistema di credenze importante durante quest'epoca era il Mohismo, che sosteneva l'amore universale e la cura imparziale, sfidando i valori tradizionali confuciani e taoisti. I Mohisti credevano nel trattamento equo di tutti gli individui e nel rifiuto dell'eccessiva ricchezza materiale, enfatizzando invece il valore della frugalità e dell'altruismo. I loro insegnamenti etici e sociali erano in netto contrasto con le norme prevalenti dell'epoca, innescando dibattiti intellettuali e contribuendo alla diversità del pensiero religioso.

Oltre a questi importanti sistemi filosofici, le persone della Cina del VI secolo a.C. praticavano anche varie religioni popolari indigene, il culto degli antenati e tradizioni animistiche. La venerazione degli antenati occupava una posizione centrale nella vita di molti, influenzando le dinamiche familiari, i rituali della comunità e la comprensione del proprio posto nell'ordine cosmico. Nel frattempo, le pratiche sciamaniche e il culto degli spiriti della natura riflettevano il legame duraturo tra le persone e il mondo naturale, plasmando la loro vita quotidiana e le loro credenze spirituali.

Inoltre, l'introduzione di influenze religiose straniere, come il Buddhismo dall'India, ha aggiunto un ulteriore livello di complessità all'ambiente religioso dell'antica Cina. Con l'espansione del commercio e degli scambi culturali, i concetti buddisti hanno iniziato a mescolarsi con i sistemi di credenze consolidati, offrendo nuove prospettive sulla sofferenza, l'illuminazione e la natura della realtà.

Nel complesso, il VI secolo a.C. fu un periodo di vibrante esplorazione religiosa e interazione in Cina, caratterizzato dalla coesistenza e dall'intersezione di diversi sistemi di credenze. Queste credenze e pratiche religiose non solo fornirono agli individui quadri per comprendere il mondo e il loro posto al suo interno, ma influenzarono anche i costumi sociali, i principi etici e lo sviluppo della civiltà cinese nel suo complesso.

Capitolo V
MOVIMENTI FILOSOFICI AI TEMPI DI LAOZI

Fondamenti filosofici: il taoismo antico.

Le fondamenta filosofiche del primo Daoismo gettarono le basi per una delle scuole di pensiero più profonde e influenti dell'antica Cina. Al centro del Daoismo c'è il concetto di Dao, che è spesso tradotto come "la Via". Questo principio fondamentale racchiude l'ordine naturale dell'universo, incarnando sia gli aspetti tangibili che intangibili dell'esistenza. In sostanza, il Daoismo sposa uno stile di vita armonioso che si allinea con il ritmo della natura e il flusso del cosmo.

Centrale nella filosofia taoista primitiva è la nozione di Wu Wei, o "non-azione". Contrariamente alla sua traduzione letterale, Wu Wei non sostiene la passività o l'inerzia, ma piuttosto enfatizza l'azione senza sforzo in accordo con il Dao. Incoraggia gli individui a coltivare uno stato di tranquillità interiore e spontaneità, consentendo agli eventi di svolgersi organicamente senza interventi forzati. Questo principio sottolinea la fede nella saggezza innata della natura, che simboleggia l'interconnessione di tutti gli esseri viventi.

Inoltre, il concetto di Yin e Yang permea il pensiero taoista primitivo, simboleggiando la dualità e la natura complementare di forze opposte. L'interazione tra queste polarità sottolinea la natura ciclica della vita e l'equilibrio perpetuo all'interno dell'ordine cosmico dinamico. Questa comprensione funge da principio guida per i praticanti taoisti, promuovendo un apprezzamento per il flusso in continua evoluzione dell'esistenza.

Il primo Daoismo comprende anche la riverenza per la semplicità, l'umiltà e il ritorno alla propria vera natura. Attraverso pratiche come la meditazione, il controllo del respiro e l'autoriflessione, gli aderenti cercano di sintonizzarsi con le correnti sottostanti del Dao, trascendendo le illusioni delle attività materiali e dei costrutti sociali.

I fondamenti filosofici del primo Daoismo non solo hanno plasmato l'etica e le pratiche individuali, ma hanno anche influenzato dinamiche sociopolitiche più ampie. L'enfasi sulla spontaneità naturale e sulla governance minima ha sfidato i sistemi autoritari prevalenti dell'epoca, sostenendo un approccio più organico e decentralizzato all'organizzazione sociale.

Saggezze prevalenti: confucianesimo e legalismo.

Durante il tumultuoso periodo degli Stati Combattenti, due influenti filosofie emersero come potenti guide per governanti e statisti che cercavano di orientarsi nel caotico panorama dell'antica Cina. Il confucianesimo e il legalismo, pur essendo molto diversi nei loro principi e approcci, entrambi svolsero un ruolo fondamentale nel plasmare il tessuto politico, sociale ed etico dell'epoca.

Il confucianesimo, fondato dal venerato saggio Confucio, cercò di stabilire una società armoniosa attraverso la coltivazione di virtù morali, come la benevolenza, la rettitudine, la pietà filiale e la proprietà. Gli insegnamenti di Confucio sottolineavano l'importanza dell'integrità personale e governativa, ponendo grande enfasi sull'ideale del junzi, o persona esemplare, che incarna queste qualità virtuose. Centrale nel pensiero confuciano era il concetto di ren, o umanità, che sottolineava la bontà intrinseca e la perfettibilità dell'umanità. Questi ideali avevano lo scopo di guidare sia i governanti che i sudditi verso un ordine armonioso e giusto, promuovendo stabilità e prosperità all'interno dello stato.

Al contrario, il legalismo, formulato da rinomati studiosi come Han Feizi e Li Si, adottò un approccio radicalmente diverso alla governance. Radicata nel realismo pragmatico e in una valutazione netta della natura umana, la filosofia legalista sosteneva leggi severe, ricompense e punizioni chiare e l'autorità centralizzata dello Stato. Il principio fondamentale del legalismo era che gli esseri umani erano intrinsecamente egoisti e sarebbero stati motivati solo dalla paura della punizione e dalla speranza della ricompensa. Pertanto, un sovrano deve far rispettare leggi rigorose e imporre sanzioni severe per garantire l'ordine sociale e l'obbedienza. Questa dottrina era in netto contrasto con gli ideali più umanistici del confucianesimo, rifiutando la nozione di benevolenza innata e sottolineando la necessità di un controllo e una disciplina rigorosi per ottenere una leadership efficace.

Lo scontro tra queste due ideologie contrastanti scatenò un intenso dibattito e contesa tra l'élite dominante dell'epoca. Mentre il confucianesimo faceva appello alle aspirazioni altruistiche di armonia e virtù morale, il legalismo catturava le dure realtà del potere politico e della governance pratica. La tensione tra questi paradigmi opposti influenzò profondamente le politiche e le decisioni dei governanti, contribuendo all'intricato arazzo del panorama socio-politico dell'epoca.

Influenze dal mondo naturale: osservazioni sul taoismo.

Il mondo naturale ha un profondo significato nel contesto della filosofia taoista. Al centro del taoismo c'è il concetto di armonia con la natura, che riflette la convinzione che gli esseri umani siano parte integrante dell'ordine naturale più ampio. Al centro di questa prospettiva c'è il Tao, o la Via, che è visto come la fonte fondamentale e il modello del mondo naturale. Il taoismo sottolinea l'importanza di allinearsi ai ritmi e ai modelli della natura, riconoscendo la relazione interdipendente tra l'umanità e l'ambiente.

I saggi e gli studiosi taoisti hanno a lungo osservato il mondo naturale, traendo ispirazione e intuizioni dal funzionamento dell'universo. Il cambiamento delle stagioni, il flusso dei fiumi, la crescita degli alberi e il comportamento degli animali sono stati tutti fonti di saggezza nel pensiero taoista. Queste osservazioni hanno portato allo sviluppo di principi taoisti chiave, come wu wei (non azione), ziran (spontaneità) e pu (semplicità).

Il concetto di wu wei, o "azione senza sforzo", riflette la comprensione taoista secondo cui ci si dovrebbe sforzare di agire in conformità con il flusso naturale degli eventi, piuttosto che imporre azioni artificiali o forzate. Questo principio trae origine dall'osservazione dei processi naturali, dove le cose si svolgono e si trasformano senza sforzo deliberato. Allo stesso modo, la nozione di ziran sottolinea l'idea di abbracciare la spontaneità e l'autenticità innata, rispecchiando la crescita e lo sviluppo organici che si trovano in natura.

Inoltre, il principio di pu accentua il valore della semplicità e della purezza disadorna, simile allo stato naturale degli elementi nell'ambiente. I pensatori taoisti spesso illustrano questi concetti attraverso metafore tratte dalla natura, impiegando immagini di acqua che scorre, nuvole che vanno alla deriva e montagne che si ergono salde, a simboleggiare la natura senza soluzione di continuità e non artificiosa della Via.

Oltre ai concetti filosofici, il mondo naturale ha anche influenzato le pratiche taoiste come il qigong, il tai chi e la meditazione. Queste discipline mirano a sintonizzare il corpo e la mente con le energie della natura, cercando armonia ed equilibrio in allineamento con l'ordine naturale. Osservando i modelli ciclici del mondo naturale, i praticanti delle arti taoiste cercano di coltivare vitalità, tranquillità e resilienza, attingendo alla ricca abbondanza degli insegnamenti della natura.

Capitolo VI
IL CONCETTO DI "TAO" - ESPLORANDO LA VIA

Il concetto di Tao è fondamentale per comprendere sia la filosofia di Laozi sia la più ampia scuola di pensiero nota come Taoismo. Il termine "Tao" si traduce in "la Via", ma comprende una comprensione complessa e profonda che va oltre i semplici percorsi o rotte fisiche. Invece, il Tao rappresenta l'essenza e il principio di base che governa l'ordine naturale dell'universo.

Per cogliere il significato del Tao, bisogna riconoscere la sua natura intangibile. Non è qualcosa che può essere direttamente spiegato o concettualizzato, ma piuttosto sperimentato e compreso attraverso l'intuizione. Laozi sottolinea che il Tao è ineffabile, trascendendo i limiti linguistici e intellettuali. È la fonte da cui tutte le cose sorgono e a cui tutte le cose ritornano.

Inoltre, il Tao incarna l'armonia e l'equilibrio insiti nel cosmo. È la forza unificante che unisce elementi opposti, come yin e yang, e facilita i cicli perpetui di trasformazione ed equilibrio. Comprendere il Tao implica riconoscere l'interazione di forze complementari e l'interconnessione di tutti i fenomeni.

Centrale al concetto di Tao è l'idea di wu wei, spesso tradotto come "non-azione" o "azione senza sforzo". Qui, Laozi chiarisce la nozione di allineamento con il flusso naturale del Tao, piuttosto che impegnarsi in sforzi o coercizioni intenzionali. Wu wei non denota passività o pigrizia; al contrario, sostiene risposte spontanee e istintive che siano in accordo con il ritmo del Tao.

Il Tao rappresenta la verità ultima che trascende le distinzioni dualistiche e i confini categoriali. Trascende le opposizioni binarie come bene e male, giusto e sbagliato, consentendo una percezione olistica che abbraccia la totalità dell'esistenza. Sintonizzandosi con il Tao, gli individui possono coltivare un senso più profondo di pace interiore e profonda intuizione spirituale.

Capitolo VII
"TE" - LA VIRTÙ DEL CARATTERE MORALE

Nel Tao Te Ching, Laozi espone il concetto di 'Te' come principio centrale della filosofia taoista. 'Te' si riferisce alla virtù, al carattere morale e all'integrità, ed è considerato essenziale per una vita armoniosa e una condotta etica. Laozi sottolinea la coltivazione di 'Te' come mezzo per allinearsi all'ordine naturale e condurre una vita di equilibrio e rettitudine.

La concezione di "Te" di Laozi va oltre la mera aderenza alle norme sociali; comprende una trasformazione interiore che deriva dall'autoconsapevolezza e dall'armonia interiore. La ricerca di "Te" implica l'affinamento della propria bussola morale, l'esercizio dell'empatia e l'accettazione della compassione verso gli altri. Attraverso la pratica di "Te", gli individui si sforzano di incarnare qualità come sincerità, umiltà e benevolenza, contribuendo così al bene superiore della società.

Laozi presenta 'Te' come una forza guida che allontana gli individui dai desideri egoistici e dalle azioni guidate dall'ego. Coltivando 'Te', gli individui sono incoraggiati ad agire in conformità con i principi universali di moralità e umanità, trascendendo i guadagni personali o le attività materiali. Inoltre, 'Te' promuove un senso di responsabilità verso gli altri e promuove una leadership etica, esortando gli individui a sostenere onestà, correttezza e integrità nelle loro interazioni con i propri simili.

Il concetto di "Te" risuona con l'idea di vivere in armonia con la natura e realizzare l'interconnessione di tutta l'esistenza. Evidenzia l'importanza della condotta etica non solo nelle relazioni umane, ma anche nel modo in cui gli individui si relazionano al mondo naturale. Laozi sostiene un approccio olistico alla virtù, sottolineando che la coltivazione di "Te" si estende al riconoscimento del proprio posto all'interno del più ampio arazzo dell'esistenza e al trattamento dell'ambiente con riverenza e rispetto.

Attraverso gli insegnamenti di Laozi su 'Te', siamo invitati a contemplare le profonde implicazioni della condotta etica e le virtù che la sostengono. La ricerca di 'Te' è descritta come un viaggio che dura tutta la vita, che richiede una continua autoriflessione e un raffinamento etico. Abbracciando la virtù di 'Te', gli individui possono aspirare a condurre vite permeate di rettitudine morale, compassione e un profondo senso di interconnessione con il cosmo.

Capitolo VIII
"WU WEI" - IL PRINCIPIO DI NON-AZIONE

A prima vista, l'idea di non-azione può sembrare sconcertante o controintuitiva, soprattutto in un mondo che valorizza l'assertività e il comportamento proattivo. Tuttavia, addentrandosi più a fondo nel principio di Wu Wei si rivela una profonda comprensione dell'azione senza sforzo, della spontaneità e dell'armonia con il flusso naturale della vita. In sostanza, Wu Wei non riguarda l'inazione o la passività letterale, ma piuttosto l'allineamento di sé stessi con il Tao, la fonte sottostante e innominabile di tutte le cose.

In sostanza, Wu Wei sottolinea l'importanza di risposte intuitive e naturali alle situazioni, piuttosto che forzare rigidamente i risultati attraverso sforzi eccessivi. Ciò non significa ritirarsi dalla vita o sottrarsi alle responsabilità; piuttosto, implica riconoscere e abbracciare il ritmo e l'ordine intrinseci dell'universo. Praticando Wu Wei, gli individui possono trascendere i limiti dei desideri guidati dall'ego e consentire agli eventi di svolgersi organicamente, senza inutili resistenze.

Per illustrare il principio di non-azione, Laozi usa spesso la metafora dell'acqua. L'acqua si conforma senza sforzo alla forma del suo contenitore, scorre attorno agli ostacoli e tuttavia possiede un immenso potere nella sua capacità di erodere e modellare il paesaggio nel tempo. Allo stesso modo, il praticante di Wu Wei cerca di adattarsi alle circostanze con grazia e flessibilità, evitando lotte e conflitti e tuttavia lasciando un impatto duraturo attraverso la gentile influenza delle proprie azioni.

Nel corso della storia, Wu Wei è stato interpretato e applicato in vari contesti, tra cui leadership, creatività e crescita personale. Nel regno della leadership, il concetto di non-azione enfatizza l'arte di guidare con l'esempio, promuovendo un ambiente di fiducia e responsabilizzazione e consentendo alle soluzioni naturali di emergere dall'interno del gruppo. Creativamente, Wu Wei incoraggia artisti e innovatori a entrare in uno stato di "flusso", in cui l'ispirazione nasce senza sforzo e le idee si materializzano con facilità. Inoltre, a livello personale, Wu Wei invita gli individui a coltivare la consapevolezza, a liberarsi dall'attaccamento a risultati specifici e a coltivare un profondo senso di pace interiore e appagamento.

Nel mondo frenetico e caotico di oggi, il principio di Wu Wei offre un toccante promemoria del valore della quiete, dell'osservazione e dell'azione intuitiva. Abbracciando l'essenza della non-azione, possiamo armonizzarci con il ritmo della vita, ottimizzare i nostri sforzi e trovare appagamento nel processo di svolgimento, anziché fissarci esclusivamente sui risultati finali.

Capitolo IX
SEMPLICITÀ E RITORNO ALLA NATURA

Laozi sostiene il ritorno a uno stile di vita più semplice, in armonia con l'ordine naturale dell'universo. Questa saggezza senza tempo ha un grande significato nel mondo odierno, dove molti cercano conforto dalle complessità della vita moderna.

Laozi esalta le virtù della semplicità, sottolineando che la vera realizzazione risiede nello sbarazzarsi delle trappole dei beni materiali e delle aspettative sociali. Semplificando le nostre vite e abbracciando l'essenza della natura, possiamo raggiungere un senso di pace e appagamento che trascende le attività mondane. Questo messaggio risuona fortemente in un'epoca caratterizzata dal consumismo e dalla ricerca incessante della ricchezza.

Inoltre, il ritorno alla natura è un tema ricorrente nel Tao Te Ching. Laozi ci invita a osservare e imparare dal mondo naturale, comprendendone i ritmi e gli schemi come guide per le nostre vite. Allineandoci al flusso e riflusso della natura, possiamo trovare equilibrio e tranquillità in mezzo al caos dell'esistenza moderna. Il fascino duraturo di questa filosofia la dice lunga sulla sua rilevanza nella nostra società contemporanea.

Mentre esploriamo gli insegnamenti di Laozi sulla semplicità e il ritorno alla natura, siamo spinti a rivalutare i nostri valori e le nostre priorità. Il fascino di uno stile di vita più tranquillo e contemplativo attrae coloro che cercano un po' di tregua dal trambusto senza fine del paesaggio urbano. Attraverso le profonde intuizioni di Laozi, giungiamo a realizzare che il percorso verso la realizzazione potrebbe risiedere nell'abbracciare la bellezza e la semplicità intrinseche del mondo naturale.

Nel contemplare il concetto di semplicità e il ritorno alla natura, siamo incoraggiati a considerare come possiamo integrare questi principi nelle nostre vite. Dal coltivare una connessione più profonda con la natura alla semplificazione dei nostri desideri materiali, gli insegnamenti di Laozi offrono una tabella di marcia verso un'esistenza più significativa e armoniosa.

Capitolo X
GOVERNANCE PER INAZIONE

Il tema centrale della governance per inazione sostiene che un governante debba guidare con umiltà, moderazione e minimo intervento. Laozi credeva che leggi e regolamenti eccessivi potessero portare a disordini sociali e decadimento morale. Invece, propose che un leader saggio dovesse agire come un guardiano dell'ordine naturale, consentendo agli eventi di svolgersi in modo organico e armonioso.

Uno dei principi chiave della governance per inazione è il concetto di wu wei, o non-azione. Laozi incoraggia i leader ad astenersi da interferenze non necessarie e ad abbracciare il flusso naturale degli eventi. Così facendo, un sovrano può raggiungere uno stato di equilibrio e bilanciamento all'interno della società, promuovendo stabilità e prosperità senza imporre un controllo eccessivo.

Inoltre, Laozi sottolinea l'importanza di dare l'esempio e coltivare virtù morali piuttosto che affidarsi esclusivamente a leggi e regolamenti rigidi. Un sovrano che incarna le virtù della compassione, dell'integrità e della saggezza può ispirare le persone a governarsi in modo responsabile, promuovendo una società armoniosa e autoregolata.

Nel corso della storia, la filosofia di governo per inazione di Laozi è stata oggetto di riflessione e dibattito tra studiosi e teorici politici. Il suo impatto può essere osservato in varie forme di governo, tra cui il concetto di economia del laissez-faire e la promozione della decentralizzazione e dell'emancipazione sia a livello locale che nazionale.

Capitolo XI
LA COMPLEMENTARIETÀ YIN-YANG

Il concetto di Yin e Yang è centrale nella filosofia esposta nel Tao Te Ching. L'interazione di Yin e Yang rappresenta la dualità fondamentale e la complementarietà riscontrabili nel mondo naturale e nell'esperienza umana. Il simbolo di Yin-Yang, raffigurante un cerchio diviso in due metà, una luminosa (Yang) e una scura (Yin), incarna l'idea che le forze opposte siano interconnesse e interdipendenti e che esistano in uno stato di equilibrio dinamico. Questo principio ha profonde implicazioni per la comprensione della natura dell'esistenza e del modo in cui gli individui possono gestire le proprie vite.

Nel contesto del Tao Te Ching, il concetto di complementarietà Yin-Yang funge da cornice per comprendere la natura ciclica della vita, l'interdipendenza degli opposti e l'armonia che nasce dall'abbracciare queste dualità. Inoltre, suggerisce che gli aspetti apparentemente conflittuali della vita non sono reciprocamente esclusivi, ma piuttosto parti integranti di un tutto unificato. L'interazione di Yin e Yang non è limitata a oggetti tangibili o fenomeni esterni; si estende al regno delle emozioni, del comportamento e delle relazioni umane. Comprendere la natura complementare di Yin e Yang può offrire spunti per raggiungere l'equilibrio in tutti gli aspetti della vita, coltivare l'armonia interiore e abbracciare la diversità intrinseca presente nel mondo.

Inoltre, il concetto di complementarietà Yin-Yang incoraggia gli individui a riconoscere l'interconnessione di elementi apparentemente distinti e ad abbracciare l'equilibrio dinamico che nasce dal riconoscimento e dall'integrazione di queste forze opposte.

Capitolo XII
ACQUA, OPPOSTI, PARADOSSI E MEDITAZIONE

L'acqua come metafora: flessibilità e morbidezza.

Nel Tao Te Ching, Laozi usa spesso l'acqua per illustrare le caratteristiche di una vita e di un governo ideali. La natura dell'acqua le consente di adattarsi alla forma di qualsiasi contenitore, simboleggiando il concetto di flessibilità di fronte al cambiamento e alle avversità. Proprio come l'acqua può scorrere intorno agli ostacoli, gli individui sono incoraggiati ad abbracciare la resilienza e l'adattabilità nel loro approccio alla vita. Inoltre, la morbidezza dell'acqua serve a ricordare la forza che si può trovare nel cedere piuttosto che nel resistere. Laozi sottolinea il valore dell'essere flessibili e accomodanti, piuttosto che conflittuali e rigidi, rispecchiando il modo in cui l'acqua si modella senza sforzo per adattarsi all'ambiente circostante. Questa metafora sfida i lettori a contemplare il potere trasformativo della gentilezza e dell'empatia nelle interazioni con gli altri e con il mondo in generale. Gli insegnamenti di Laozi sull'acqua si estendono anche al regno della leadership e del governo, sostenendo uno stile di leadership che rispecchia la fluidità dell'acqua. I governanti sono incoraggiati a governare con umiltà e inclusività, incarnando le qualità adattabili e flessibili dell'acqua per promuovere armonia ed equilibrio.

Opposti e paradossi:

L'uso magistrale di concetti antitetici da parte di Laozi sfida i modi tradizionali di pensare. Attraverso i suoi versi enigmatici, Laozi ci spinge a contemplare la coesistenza e l'interdipendenza di forze opposte, trascendendo così i quadri dualistici. Giustapponendo concetti come azione e non azione, forza e flessibilità, e vuoto e pienezza, Laozi trasmette un messaggio generale di armonia ed equilibrio in tutte le cose. Questo approccio costringe i lettori a rivalutare le proprie percezioni e ad abbracciare una comprensione più olistica dell'esistenza. Inoltre, l'uso abile di un linguaggio paradossale da parte di Laozi infonde un senso di umiltà intellettuale, incoraggiando i lettori a riconoscere i limiti del pensiero razionale e ad abbracciare i misteri insiti nell'universo.

Meditazione e ricerca della realizzazione spirituale:

La meditazione è stata una pratica centrale nella ricerca della realizzazione spirituale per secoli, offrendo agli individui un percorso verso la pace interiore, la chiarezza e la scoperta di sé. Nel contesto del Tao Te Ching, la meditazione svolge un ruolo significativo nell'allineamento di sé con il flusso naturale dell'universo e nel raggiungimento dell'armonia con il Tao. Laozi sottolinea l'importanza di calmare la mente e connettersi con la propria essenza interiore come mezzo per ottenere una comprensione più profonda della natura dell'esistenza. Attraverso la meditazione, gli individui sono in grado di trascendere le distrazioni e il tumulto della vita quotidiana, consentendo loro di attingere alla propria saggezza intuitiva e sperimentare un profondo senso di interconnessione con tutti gli esseri viventi. Inoltre, il ruolo della meditazione è cruciale nel promuovere la resilienza e l'equilibrio emotivo, che potrebbero aiutare gli individui a navigare nelle avversità della vita.

Capitolo XIII
ANALISI DEL "TAO CHING" – CAPITOLI DA 1 A 37

Capitoli da 1 a 3 - Il concetto del Tao:

1. Definire il Tao: l'essenza innominabile.
Il concetto di Tao, come presentato da Laozi nei capitoli 1-3, pone una sfida profonda a causa della sua natura infinita. Il termine "Tao" stesso resiste a una definizione singolare, poiché comprende sia presenza che assenza, azione e inazione, essere e non essere, rendendolo un'essenza enigmatica e paradossale. L'approccio di Laozi all'articolazione del Tao riflette i limiti intrinseci del linguaggio e della comprensione umana quando confrontati con un concetto astratto e sconfinato. L'atto stesso di definire il Tao sembra contraddire la sua essenza, poiché qualsiasi tentativo di incapsularlo in parole corre il rischio di semplificazione eccessiva o distorsione. L'uso deliberato di paradossi e linguaggio criptico da parte di Laozi serve a sottolineare la natura ineffabile del Tao, evidenziando l'inadeguatezza delle modalità di espressione convenzionali quando si affronta una realtà così trascendente. Di conseguenza, ci invita a contemplare il Tao non come un oggetto concreto di comprensione, ma piuttosto come una forza sfuggente che permea e sostiene tutta l'esistenza oltre i limiti della comprensione umana. Attraverso la narrazione dei capitoli 1-3, Laozi ci implora di abbracciare il mistero e l'ambiguità del Tao, riconoscendo che i tentativi di confinarlo attraverso il linguaggio servono solo a diminuirne la vera vastità e profondità.

2. Il Tao come guida alla vita:
Il Tao è raffigurato come la forza sottostante che governa l'universo, trascendendo la comprensione e il linguaggio umani. È la fonte di tutta l'esistenza, eppure sfida la comprensione convenzionale, poiché esiste oltre distinzioni e limitazioni. La

rappresentazione del Tao da parte di Laozi ci sfida a contemplare la natura della realtà e i loro ruoli al suo interno. Attraverso versi enigmatici e analogie, egli spinge all'introspezione e all'auto-scoperta. I capitoli 1-3 servono come porta d'accesso alla comprensione dell'interconnessione di tutte le cose e dell'equilibrio armonioso insito nel Tao.

Inoltre, il concetto di wu wei, o non-azione, viene introdotto come un aspetto fondamentale dell'allineamento con il flusso del Tao. Laozi chiarisce la nozione che la vera saggezza risiede nell'abbracciare la spontaneità e nel permettere agli eventi di svolgersi naturalmente, piuttosto che imporre la propria volontà al mondo. Questo principio fondamentale ha implicazioni di vasta portata per gli individui che cercano di navigare nelle complessità della vita.

Inoltre, questi capitoli sottolineano il potere trasformativo dell'umiltà e della semplicità come percorsi verso l'illuminazione. Il testo incoraggia la contemplazione e la meditazione, svelando verità profonde che illuminano il percorso verso la pace interiore e il risveglio spirituale. I capitoli 1-3 offrono una prospettiva olistica sull'esistenza, esortandoci ad abbracciare la fluidità della vita e a coltivare una profonda connessione con l'essenza sconfinata del Tao.

3. I paradossi nel Tao:
Il concetto di paradosso è profondamente radicato negli insegnamenti del Tao Te Ching. Laozi presenta i paradossi come un mezzo per trasmettere verità profonde sulla natura del Tao e le sue implicazioni per la vita umana. Uno di questi paradossi è l'idea di "azione attraverso l'inazione", che suggerisce che rinunciando al desiderio di controllo e lasciando che le cose si svolgano naturalmente, si può raggiungere vera armonia ed efficacia. Questa nozione paradossale provoca la contemplazione dell'equilibrio tra sforzo e resa, sfidando i lettori a ripensare il loro approccio alla vita.

Un altro paradosso enigmatico ruota attorno al concetto di "azione senza sforzo" o "wu wei", che enfatizza l'allineamento senza soluzione di continuità con il corso naturale degli eventi senza un intervento forzato. L'apparente contraddizione di "azione senza sforzo" racchiude l'essenza del Tao, poiché significa azione spontanea e intuitiva nata dalla sintonia interiore piuttosto che da una pianificazione deliberata.

In particolare, i paradossi di Laozi fungono da portali all'introspezione, spingendo i lettori a trascendere il pensiero binario e ad abbracciare la fluidità e l'interconnessione di tutti i fenomeni. Inoltre, il paradosso dell'"origine senza nome" evidenzia la natura ineffabile del Tao, sfidandoci a contemplare i limiti del linguaggio e della comprensione concettuale nel descrivere la realtà ultima.

Nel navigare questi paradossi, i lettori sono invitati ad adottare una prospettiva più sfumata e olistica, trascendendo le categorizzazioni dualistiche e abbracciando l'unità di opposti apparenti. Questo viaggio trasformativo di interpretazione consente l'integrazione della saggezza paradossale nella vita quotidiana, promuovendo una relazione armoniosa con il Tao e il mondo in generale.

Capitoli dal 4 al 6 - La natura dell'essere e del non essere:

1. Gli attributi fondamentali dell'essere e del non essere:
Nella filosofia taoista, la dicotomia tra "essere" e "non essere" gioca un ruolo fondamentale nell'illustrare la natura dell'esistenza. Le sfumature testuali degli insegnamenti di Laozi offrono approfondimenti profondi sulle distinzioni linguistiche e filosofiche tra questi attributi fondamentali. "Essere" è spesso associato a manifestazioni tangibili, esistenza e forme percepibili all'interno del regno empirico. Al contrario, "non essere" trascende le concezioni convenzionali di nulla o assenza,

incapsulando il potenziale sconfinato e gli aspetti ineffabili della realtà al di là dell'apprensione materiale. Questa dualità riflette la co-insorgenza interdipendente dei fenomeni, dove "essere" e "non essere" non sono stati isolati ma piuttosto sfaccettature complementari dell'arazzo olistico del Tao.

Linguisticamente, i caratteri cinesi per "essere" (有) e 'non-essere' (無) incarnano la semantica intricata insita nel tessuto del pensiero taoista. Il carattere 有 incarna la nozione di "avere" o "possedere", che connota presenza sostanziale e concreta attualizzazione. Al contrario, il personaggio 無 denota "assenza", che comprende il regno della potenzialità, del vuoto e dell'immanifesto. Queste rappresentazioni linguistiche trascendono le semplici opposizioni binarie, offrendo un paradigma sfumato che trascende le rigide categorizzazioni ontologiche.

Filosoficamente, Laozi espone l'interazione intrinseca tra "essere" e "non essere" come costituenti integrali del Tao primordiale. Il Tao Te Ching chiarisce come abbracciare la fluidità e la sintesi armoniosa di queste polarità generi l'allineamento con l'ordine naturale. Analogamente al flusso e riflusso delle forze cosmiche, "essere" comprende le espressioni manifestate della realtà, mentre "non essere" permea l'essenza ineffabile che sfugge al contenimento concettuale. Questo discorso filosofico spinge a contemplare la natura sfuggente dell'esistenza e invita i ricercatori a sondare la profondità della consapevolezza non duale.

Attraverso una lente contemplativa, il discernimento di "essere" e "non essere" si trasforma da una mera astrazione concettuale a una realizzazione esperienziale dell'interconnessione insita in tutti i fenomeni. La spiegazione di Laozi sfida le percezioni convenzionali della realtà, invitando gli individui a trascendere le dicotomie illusorie e ad abbracciare l'ineffabile unità sottostante all'apparente molteplicità. Questa comprensione trasformativa offre profonde implicazioni per la crescita personale e l'evoluzione spirituale, promuovendo una visione espansiva della coscienza infusa con l'essenza del Tao.

2. Interazione tra Esistenza e Vuoto:

Nel taoismo, l'esistenza non è vista come separata dal vuoto, ma piuttosto come aspetti complementari della stessa realtà metafisica. Questa prospettiva sfida le nozioni convenzionali di dualità e invita alla contemplazione dell'interconnessione di tutti i fenomeni. Il concetto di esistenza nella filosofia taoista si estende oltre la mera presenza fisica; comprende la vitalità intrinseca e l'essenza in continua evoluzione dell'universo. Al contrario, il vuoto non denota un'assenza o un nulla, ma simboleggia piuttosto il potenziale sconfinato di trasformazione e rinnovamento. L'interazione tra esistenza e vuoto riflette quindi il flusso perpetuo e l'armonia che sostengono la visione del mondo taoista.

Inoltre, questa interazione incoraggia gli individui ad abbracciare il cambiamento e l'impermanenza come componenti essenziali della vita. Riconoscendo la relazione simbiotica tra esistenza e vuoto, si ottiene una comprensione della natura ciclica dell'esistenza e della necessità di abbracciare sia la pienezza che il vuoto. Questa comprensione fornisce una profonda struttura per navigare le complessità dell'esperienza umana e allinearsi con il flusso del Tao. L'interazione tra esistenza e vuoto informa anche considerazioni etiche e spirituali all'interno del Taoismo. Promuove un profondo apprezzamento per l'interdipendenza di tutte le cose e sottolinea la necessità di equilibrio e armonia nella condotta personale.

Riconoscendo la presenza simultanea di esistenza e vuoto, gli individui sono incoraggiati a coltivare umiltà, compassione e discernimento nelle loro interazioni con il mondo. Questa prospettiva filosofica facilita un approccio olistico alla vita, in cui il riconoscimento dell'interazione tra esistenza e vuoto promuove un senso di interconnessione e riverenza per l'unità intrinseca di tutta la creazione.

3. Implicazioni pratiche del Non-Essere nella Realizzazione del Tao:
Nel contesto del Tao Te Ching, il non-essere non è semplicemente l'assenza di essere, ma piuttosto uno stato di vuoto e potenzialità che sta alla base di tutte le forme di essere. Questo concetto sfida le nozioni convenzionali di esistenza e incoraggia gli individui ad abbracciare la natura fluida e interconnessa della realtà.

Un'implicazione pratica del non-essere è la coltivazione dell'umiltà e dell'apertura mentale. Riconoscendo i limiti della propria prospettiva e rinunciando al desiderio di controllo guidato dall'ego, gli individui possono raggiungere una comprensione più profonda dell'armonia intrinseca nell'universo. Inoltre, il riconoscimento del non-essere promuove un senso di accettazione e adattabilità, consentendo agli individui di navigare le incertezze della vita con grazia e resilienza.

Da una prospettiva sociale, il principio del non-essere incoraggia relazioni armoniose fondate sul rispetto, l'empatia e la compassione. Liberandosi dalla compulsione di imporre la volontà personale sugli altri, gli individui possono impegnarsi in interazioni genuine e significative basate sulla comprensione e sul supporto reciproci. Inoltre, la pratica del non-essere offre una guida per una condotta etica e una leadership, sottolineando il valore di guidare con l'esempio e di dare potere agli altri attraverso una guida disinteressata.

Capitolo 7 - Dualità e sua risoluzione:

1. Dualità nella filosofia taoista:

Centrale all'importante concetto di dualità è l'interazione di yin e yang, due forze complementari che formano la base dell'esistenza. Yin rappresenta gli aspetti ricettivi, nutrienti e cedevoli, mentre yang simboleggia le qualità attive, assertive e dinamiche. Queste due forze non sono indipendenti o opposte; piuttosto, coesistono in uno stato di interazione perpetua, formando un equilibrio armonioso che sostiene tutti gli aspetti dell'esistenza.

Il significato di yin e yang si estende oltre i loro attributi individuali, permeando vari aspetti della vita. All'interno dell'esperienza umana, questi concetti dualistici si manifestano sotto forma di luce e oscurità, femminilità e mascolinità, immobilità e movimento e numerose altre polarità. Gli insegnamenti taoisti enfatizzano l'interconnessione di questi elementi, evidenziando la necessità di mantenere l'equilibrio e riconoscere la natura fluida delle loro interazioni.

Inoltre, il concetto di dualità nella filosofia taoista si estende alla più ampia comprensione dei fenomeni naturali e dei principi cosmici. Questa prospettiva riconosce la dualità intrinseca in tutte le cose, come esemplificato dai modelli ciclici di cambiamento osservati nel mondo naturale. Dalle stagioni mutevoli ai ritmici flussi e riflussi di energia, la visione taoista enfatizza l'inscindibile relazione tra forze opposte e la continua trasformazione che nasce dalla loro interdipendenza.

Inoltre, la nozione di dualità funge da lente attraverso cui percepire l'armonia nell'universo. Invece di vedere elementi contrastanti come in conflitto, la filosofia taoista incoraggia gli individui a riconoscere la loro natura complementare, riconoscendo che ogni aspetto contribuisce all'unità e all'equilibrio complessivi dell'esistenza.

2. Interazione degli opposti nel quadro taoista:

Questo concetto è spesso rappresentato dal simbolo yin-yang, dove le forze opposte sono interconnesse e interdipendenti. Lo yin rappresenta l'oscurità, la passività e la femminilità, mentre lo yang denota la luce, l'attività e la mascolinità. Tuttavia, queste forze non sono fisse e immutabili; piuttosto, fluiscono e si trasformano l'una nell'altra in un equilibrio dinamico. Questa interazione fluida rispecchia il flusso costante e l'armonia che si trovano nel mondo naturale, incoraggiando gli individui ad abbracciare il cambiamento e l'equilibrio nelle loro vite.

Il taoismo insegna che la coesistenza degli opposti è necessaria affinché l'universo mantenga il suo equilibrio. Forze contrarie come il bene e il male, la gioia e il dolore, la forza e la debolezza si informano a vicenda e forniscono un contesto per la loro esistenza. Questo approccio rifiuta la nozione di dualismo assoluto e invece enfatizza l'interconnessione e la natura complementare delle forze opposte. Attraverso questa lente, la filosofia taoista sfida gli individui a percepire l'unità nella diversità e l'armonia nella contraddizione.

Inoltre, il taoismo suggerisce che la riconciliazione degli opposti si ottiene attraverso la pratica del wu-wei. Invece di resistere o sopprimere elementi conflittuali, gli individui sono incoraggiati a fluire con il corso naturale degli eventi, consentendo a risoluzioni armoniose di sorgere organicamente. Questa prospettiva incoraggia una profonda accettazione dell'interazione degli opposti, promuovendo una comprensione più profonda della natura ciclica e trasformativa dell'esistenza.

Capitolo 8 - La semplicità e la vita senza fronzoli:

1. Semplicità nel contesto del Tao:
Laozi, nel capitolo 8 del Tao Te Ching, sottolinea l'importanza di abbracciare la semplicità sia nel pensiero che nell'azione. I fondamenti filosofici della semplicità nel taoismo si

concentrano sull'armonia e l'equilibrio raggiunti attraverso il riconoscimento dell'interazione di Yin e Yang, sottolineando lo stile di vita disadorno. Laozi fornisce una prospettiva distintiva sulla semplicità, sostenendo una mente ordinata e un approccio minimalista alla vita. Ciò implica l'eliminazione degli strati di desideri e attaccamenti artificiali che deviano dalla vera essenza dell'esistenza. Centrale nella concezione taoista della semplicità è il concetto di Wu Wei che sostiene che l'efficacia genuina nasce dall'allineamento senza sforzo con il corso naturale degli eventi. L'enfasi sulla spontaneità e sulla non-azione sottolinea la convinzione taoista che complessità e artificio conducano a disarmonia e tumulto. Inoltre, la semplicità nel contesto del Tao promuove un profondo apprezzamento per la bellezza innata che si trova nel tranquillo fluire della natura, spingendo gli individui a rinunciare alla ricerca di beni e potere estranei in favore dell'abbraccio della semplicità e della purezza insite nella vita disadorna. Attraverso gli insegnamenti della semplicità, Laozi sostiene il raggiungimento della saggezza evitando le esibizioni artificiali di intelligenza o conoscenza, tornando così all'unità fondamentale di tutte le cose.

2. La manifestazione della vita senza ornamenti:
L'essenza della vita disadorna sta nell'abbracciare semplicità, umiltà e naturalezza in tutti gli aspetti. Questo principio sostiene uno stile di vita spogliato di inutili sfarzi, in cui gli individui trovano appagamento nel minimo piuttosto che nello stravagante. Incoraggia gli individui a rinunciare ai desideri superficiali e a concentrarsi invece sulla purezza dell'esistenza. Vivere disadorni è sinonimo di nutrire lo spirito liberandosi di abbellimenti e distrazioni esterne.

La vita disadorna incarna la fede taoista in Wu Wei. Enfatizza l'allineamento con il flusso dell'universo senza imporre costrutti artificiali. Questo stile di vita incoraggia gli individui ad abbracciare il loro sé autentico e ad avere fiducia nell'ordine naturale delle cose. Semplificando l'ambiente circostante, i pensieri e le azioni, si può raggiungere uno stato di armonia e tranquillità in accordo con il Tao.

Praticare la vita disadorna implica anche coltivare un apprezzamento per la bellezza intrinseca nella semplicità. Rimuovendo strati e complessità in eccesso, gli individui possono scoprire la profonda eleganza che si trova nell'essenziale. Ciò si manifesta non solo nel regno fisico, ma si estende anche alle relazioni personali, alla comunicazione e al benessere emotivo. Si ritiene che la vera ricchezza scaturisca da un'esistenza senza pesi, in cui la ricerca della ricchezza materiale passa in secondo piano rispetto al nutrimento delle virtù interiori e delle connessioni sincere.

Inoltre, la vita disadorna sottolinea la preservazione dell'integrità naturale. Richiede un'esistenza libera da artifici e pretese, incoraggiando gli individui a essere genuini e non influenzati. Astenendosi dall'abbellire le verità, gli individui possono promuovere connessioni e interazioni genuine, alimentando fiducia e autenticità nelle loro relazioni.

Capitolo 9 - Abbracciare l'umiltà e la semplicità:

1. Umiltà taoista:
Nel Tao Te Ching, l'umiltà non è raffigurata come un segno di debolezza o inferiorità, ma piuttosto come un'incarnazione della vera forza e del potere. Laozi sottolinea la natura paradossale dell'umiltà, dove cedere e abbracciare le proprie vulnerabilità può portare alla resilienza e alla forza interiore. Questa prospettiva sfida il costrutto sociale prevalente che equipara l'umiltà alla passività, svelandone l'essenza come fonte di empowerment attraverso l'armonia con l'ordine naturale.

Secondo Laozi, l'individuo che incarna l'umiltà si allinea con il flusso e riflusso dell'esistenza, trascendendo l'effimera ricerca di dominio e controllo per abbracciare una forma di influenza più duratura. L'umiltà è quindi presentata come un'espressione di saggezza, che riflette un'acuta comprensione dell'interconnessione di tutte le cose e del potenziale trasformativo insito nella resa e nella flessibilità. È questa profonda comprensione che consente al saggio taoista di esercitare la forza sottile ma formidabile insita nell'umiltà, impiegandola come una forza dinamica che genera equilibrio e resilienza.

La concettualizzazione dell'umiltà di Laozi sottolinea la sua connessione intrinseca con il Tao, posizionandola come un aspetto fondamentale del vivere in armonia con l'ordine naturale. Acconsentendo umilmente ai ritmi in divenire dell'esistenza, gli individui si sintonizzano con le correnti prevalenti del cambiamento, ottenendo così una visione dell'unità sottostante e dell'interdipendenza di tutti i fenomeni. Attraverso questa lente, l'umiltà emerge come un pilastro della condotta virtuosa, trascendendo i limiti dei desideri egoici e dando potere agli individui per navigare nella vita con discernimento.

Abbracciare l'umiltà nel contesto taoista significa un allineamento con le potenti forze che governano l'universo, promuovendo un profondo senso di connessione e vitalità. Inoltre, Laozi postula che l'umiltà funge da catalizzatore indispensabile per la crescita personale e spirituale, consentendo agli individui di armonizzare il loro paesaggio interiore con la riserva sconfinata del Tao. Pertanto, l'umiltà nella filosofia taoista rappresenta un'incarnazione del potere autentico, costituendo un ethos trasformativo che genera equilibrio interiore, resilienza e discernimento etico.

2. L'arte della semplicità: teoria e pratica.
Nella filosofia taoista, il concetto di assenza di sforzo è profondamente intrecciato con il principio di Wu Wei. Sottolinea

la nozione di allinearsi al flusso naturale della vita, piuttosto che sforzarsi contro di esso. L'arte dell'assenza di sforzo non riguarda la pigrizia o la mancanza di ambizione, ma piuttosto un modo armonioso di impegnarsi con il mondo.

Secondo il Tao Te Ching, quando rinunciamo alla necessità di controllare ogni risultato e invece lasciamo che le cose si svolgano naturalmente, possiamo raggiungere maggiore efficacia e pace. Questo approccio richiede un'acuta consapevolezza di quando agire e quando astenersi dall'agire. La pratica della mancanza di sforzo implica anche coltivare una mentalità di spontaneità e adattabilità. Essendo flessibili e aperti di mente, gli individui possono navigare più facilmente nelle complessità della vita.

Inoltre, abbracciare l'arte della mancanza di sforzo implica la comprensione dell'interconnessione di tutte le cose. Invece di imporre la propria volontà al mondo, la filosofia taoista incoraggia gli individui a sintonizzarsi sui ritmi della natura e della società, agendo in modi che siano favorevoli al benessere di tutti. In quanto tali, i praticanti sono chiamati a trascendere i loro desideri egoici e ad agire da un luogo di compassione ed empatia. Attraverso tale pratica, si può trovare appagamento e scopo senza lottare controcorrente.

Sebbene l'idea di un'azione senza sforzo possa sembrare paradossale, essa simboleggia uno stato dell'essere in cui ci si allinea con lo sviluppo dell'universo, riconoscendo l'inutilità di resistere al suo flusso intrinseco. In termini pratici, ciò può manifestarsi in vari aspetti della vita, tra cui il processo decisionale, le relazioni e la crescita personale. La coltivazione dell'azione senza sforzo implica lo sviluppo di una saggezza intuitiva e un'intonazione con i modelli sottostanti dell'esistenza. L'incarnazione di quest'arte consente un modo aggraziato ed equilibrato di impegnarsi con il mondo, creando armonia dentro di sé e nell'ambiente circostante.

3. Integrare umiltà e semplicità nella vita quotidiana:
Vivere una vita guidata dai principi di umiltà e semplicità come prescritto nel Tao Te Ching può trasformare significativamente la nostra esistenza quotidiana. L'integrazione di questi concetti profondi richiede un cambiamento consapevole di mentalità e approccio alla vita, favorendo un allineamento armonioso con l'ordine naturale delle cose. Per iniziare questo viaggio trasformativo, bisogna prima capire che l'umiltà non è sinonimo di debolezza o sottomissione. Piuttosto, è un riconoscimento del proprio posto all'interno del più grande arazzo dell'esistenza, riconoscendo che la vera forza risiede nell'abbracciare la propria intrinseca interconnessione con tutti gli esseri e i fenomeni.

Praticare l'umiltà ci invita a rinunciare al bisogno di desideri e ambizioni eccessivi guidati dall'ego, consentendo un'esistenza più serena ed empatica. La mancanza di sforzo, d'altro canto, richiede una dolce resa al flusso di vita che si dispiega, dove la rigida resistenza lascia il posto a una graziosa adattabilità. Incoraggia un rilascio di tensioni e sforzi inutili, promuovendo tranquillità interiore e resilienza nell'affrontare le inevitabili sfide della vita. Integrare umiltà e mancanza di sforzo nella vita quotidiana inizia con la coltivazione di autoconsapevolezza e consapevolezza.

Osservando i nostri pensieri, azioni e reazioni senza giudizio, sviluppiamo la capacità di riconoscere dove le tendenze guidate dall'ego potrebbero ostacolare il flusso naturale dell'esistenza. Questa consapevolezza accresciuta consente una rivalutazione consapevole delle priorità e dei valori personali, portando a una ricalibrazione verso semplicità, autenticità e compassione nelle nostre interazioni con gli altri.

Inoltre, praticare la gratitudine diventa una pietra angolare nel riconoscere e apprezzare l'interconnessione e l'interdipendenza di tutte le forme di vita. Basata sull'umiltà, la pratica della gratitudine promuove un profondo senso di apprezzamento per l'abbondanza presente in ogni momento, trascendendo l'illusione di scarsità e mancanza. La semplicità nella vita quotidiana implica imparare a lasciar andare l'impulso di controllare i risultati e, invece, abbracciare il principio di wu wei, in cui risposte intuitive e spontanee sorgono senza sforzo da uno stato di armonia interiore. Questa arte del "fare senza fare" consente agli individui di agire in accordo con il ritmo intrinseco dell'universo, allineando così le loro intenzioni e azioni con il più grande ordine cosmico. Man mano che questa integrazione si dispiega, gli individui possono ritrovarsi a incarnare naturalmente le virtù della pazienza, della gentilezza e della compassione, mentre si sintonizzano con le sottili correnti dell'esistenza.

Capitolo 10 - La saggezza della sottigliezza e della dolcezza nelle verità senza caratteristiche:

1. La sottile saggezza di Laozi:
Nell'analizzare la sottile saggezza di Laozi, ci imbattiamo nella nozione che la vera comprensione supera la mera osservazione o il giudizio basato sulle apparenze esteriori. Invece, implica una profonda contemplazione dell'interconnessione di tutti i fenomeni e un apprezzamento per l'armonia sottostante che permea l'esistenza. Riconoscendo le sottigliezze inerenti all'ordine naturale, acquisiamo intuizioni sul flusso e riflusso della vita, consentendoci di allinearci con il suo ritmo. Gli insegnamenti di Laozi ci spingono a coltivare un intelletto perspicace che va oltre l'ovvio, alimentando la capacità di percepire le sottili correnti sotterranee che modellano la nostra realtà. Inoltre, l'enfasi di Laozi sulla sottigliezza sottolinea il valore della consapevolezza intuitiva e della sensibilità percettiva. Attraverso l'impegno con la sottile saggezza di Laozi, giungiamo a realizzare che la vera conoscenza si estende oltre i confini dell'apprendimento convenzionale,

comprendendo una comprensione intuitiva di verità più profonde. Questa comprensione intuitiva ci consente di navigare nelle complessità dell'esistenza con grazia e chiarezza, armonizzandoci con i ritmi innati dell'universo.

2. Il potere della dolcezza nel raggiungimento dell'armonia:

In tutto il Tao Te Ching, Laozi sottolinea il valore della morbidezza come mezzo per raggiungere armonia ed equilibrio. La morbidezza, in questo contesto, non implica debolezza o passività, ma piuttosto un approccio che è cedevole e adattabile. Laozi suggerisce che abbracciando la morbidezza, si possono navigare le complessità della vita con maggiore facilità e fluidità, favorendo così relazioni e interazioni armoniose.

Il potere della morbidezza risiede nella sua capacità di disinnescare i conflitti e facilitare la comprensione. Quando affrontiamo le sfide con rigidità e forza, spesso incontriamo resistenza e creiamo ulteriore discordia. Al contrario, la morbidezza consente flessibilità ed empatia, consentendoci di trovare un terreno comune e costruire connessioni basate sul rispetto reciproco. La morbidezza permea anche il concetto di wu wei, che sostiene risposte naturali e non forzate al mondo che ci circonda. Coltivando una mentalità di morbidezza, gli individui possono allinearsi con il flusso del Tao e armonizzarsi senza sforzo con il loro ambiente.

Inoltre, la morbidezza favorisce un'apertura e una ricettività che sono essenziali per la crescita e la realizzazione personale. Quando diventiamo troppo rigidi e chiusi, limitiamo il nostro potenziale di apprendimento e sviluppo. La morbidezza ci invita a rimanere aperti a nuove esperienze e prospettive, alimentando così un continuo processo di auto-scoperta ed evoluzione. Nelle relazioni interpersonali, il potere della morbidezza diventa particolarmente evidente. Avvicinandosi agli altri con gentilezza e comprensione, si può costruire un rapporto e fiducia, favorendo ambienti di reciproco supporto e collaborazione. Questo approccio è particolarmente prezioso nei ruoli di leadership, dove un tocco morbido può ispirare lealtà e cooperazione molto più efficacemente della coercizione o dell'autoritarismo.

3. Interconnettere sottigliezza e dolcezza con verità senza tratti distintivi:
Le verità senza caratteristiche, come chiarito nel Tao Te Ching, significano uno stato di pura esistenza privo di abbellimenti o distorsioni. Rappresenta l'essenza sottostante di tutte le cose, non adulterata da influenze esterne o costrutti artificiali. La sottigliezza, d'altro canto, incarna l'arte della comprensione sfumata e della percezione delle complessità intrinseche dell'esistenza oltre le apparenze superficiali. Comporta una profonda consapevolezza delle complessità che definiscono il nostro mondo, trascendendo i limiti della percezione convenzionale. La morbidezza, come sposata da Laozi, enfatizza la forza derivante dalla resa e dalla flessibilità, evidenziando il potere della gentilezza sulla forza. Attraverso la fusione di questi concetti, Laozi propone una verità fondamentale: che il percorso verso l'armonia e l'illuminazione risiede nell'abbracciare la natura disadorna dell'esistenza coltivando al contempo un approccio esigente ma gentile.

L'integrazione di sottigliezza e dolcezza con verità senza caratteristiche offre una prospettiva illuminante sulla navigazione delle complessità della vita. Invita gli individui a rifuggire finzioni e artifici, abbracciando gli aspetti autentici e incontaminati del loro essere. Incarnando i principi di sottigliezza e dolcezza, si possono navigare i flussi e riflussi dell'esistenza con grazia e resilienza. Inoltre, l'applicazione di questi principi favorisce interazioni armoniose con gli altri e l'ambiente, favorendo un senso di equilibrio e interconnessione.

Nelle verità senza caratteristiche, si cela l'essenza dell'esistenza nella sua forma più pura. È attraverso la lente della sottigliezza e della morbidezza che gli individui possono percepire e impegnarsi con questa essenza, trascendendo i confini dell'ego e della materialità. Questa interconnessione funge da faro guida, illuminando il percorso verso l'autorealizzazione e la comprensione olistica. Inoltre, sottolinea la rilevanza senza tempo degli insegnamenti di Laozi nell'affrontare le sfide contemporanee del nostro mondo.

Capitolo 11 - L'utilità del vuoto:

1. Il vuoto nella dottrina taoista:
Il vuoto, un concetto centrale nella filosofia taoista, non è mera vacuità, ma uno stato intangibile che nutre e accoglie tutta l'esistenza. Questa nozione si allinea con il principio taoista di Wu Wei, o azione senza sforzo, in cui il vuoto funge da serbatoio da cui nascono tutte le azioni.

Laozi presenta il vuoto come la manifestazione centrale del Tao, che rappresenta il potenziale non manifesto da cui emerge il mondo manifesto. Attraverso la lente dell'ideologia taoista, il vuoto incarna l'equilibrio tra gli estremi e l'armoniosa interazione delle polarità. Inoltre, simboleggia l'innata interconnessione di tutti i fenomeni, un concetto profondamente intrecciato nel tessuto del pensiero taoista.

Il vuoto è venerato come il tessuto sottostante della realtà, con Laozi che sostiene la virtù di abbracciare questo vuoto fondamentale per raggiungere vera armonia e saggezza. La connessione radicata tra gli insegnamenti di Laozi e le origini ideologiche del vuoto nella filosofia taoista illumina la profonda importanza di questo principio all'interno delle antiche credenze metafisiche cinesi. Abbracciando la dualità di esistenza e non esistenza, il vuoto diventa il fulcro su cui poggia l'equilibrio dinamico del cosmo, riflettendo l'eterno flusso e riflusso intrinseco al Tao.

2. Il vuoto come pienezza funzionale:

Nella dottrina taoista, il concetto di vuoto è spesso considerato una nozione paradossale. Il vuoto, o "wu wei", suggerisce uno stato di ricettività e apertura, che consente il flusso illimitato delle forze naturali senza resistenza. Questa prospettiva apparentemente paradossale è profondamente radicata nel principio taoista di "Yin e Yang", dove il vuoto funziona come terreno fertile da cui nasce l'energia creativa. L'interpretazione del vuoto come pienezza funzionale sottolinea l'interazione dinamica tra forma e informe, azione e inazione, tangibile e intangibile. Sfida la comprensione convenzionale del vuoto come vuoto e invece enfatizza il suo ruolo di catalizzatore per infinite possibilità. Comprendere questa natura paradossale del vuoto è fondamentale per ottenere una visione approfondita degli intricati meccanismi del Tao.

Nel contesto del Tao Te Ching, Laozi chiarisce il potere trasformativo del vuoto sottolineando l'interconnessione di tutte le cose. Il vuoto funge da fonte fondamentale da cui si manifestano le innumerevoli forme, evidenziandone la vitalità e il potenziale intrinseci. Inoltre, incoraggia gli individui ad abbracciare la fluidità dell'esistenza, riconoscendo che la vera realizzazione nasce dall'allineamento con il ritmo della natura piuttosto che dall'imposizione di strutture fisse. Quindi, interpretare i paradossi del vuoto svela una comprensione più profonda del suo dinamismo intrinseco e dell'armonia che genera.

Da una prospettiva moderna, abbracciare il concetto di vuoto come pienezza funzionale può avere profonde implicazioni in vari ambiti. Nella psicologia e nelle pratiche di consapevolezza, l'idea di vuoto incoraggia gli individui a coltivare uno stato mentale ricettivo, libero da nozioni preconcette e attaccamenti. Ciò apre la porta a una maggiore consapevolezza di sé, creatività e adattabilità, promuovendo un approccio più olistico alla crescita personale e al benessere.

Nella gestione organizzativa, comprendere il vuoto come pienezza funzionale integra i principi di flessibilità e agilità. Invece di imporre strutture rigide, i leader sono incoraggiati a promuovere un ambiente di apertura e adattabilità, consentendo all'innovazione e al cambiamento di emergere organicamente. Inoltre, nel design e nella creatività, riconoscere la natura paradossale del vuoto ispira nuovi approcci che trascendono i confini tradizionali, portando a soluzioni ed esperienze innovative.

Capitolo 12 - Discernimento nelle esperienze sensoriali:

1. La percezione sensoriale nel pensiero taoista:
Nel pensiero taoista, la percezione sensoriale funge da canale attraverso cui gli individui possono discernere i modelli armoniosi del Tao all'interno dell'ambiente esterno. Laozi sostiene un approccio equilibrato alle esperienze sensoriali, mettendo in guardia contro un attaccamento o un'avversione eccessivi. Coltivando la consapevolezza della natura transitoria degli stimoli sensoriali, si può trascendere l'illusorio fascino della materialità e riconoscere l'unità sottostante insita in tutti i fenomeni. Questo discernimento accresciuto consente agli individui di percepire l'interazione di Yin e Yang, i ritmi ciclici della natura e l'interconnessione fondamentale dell'esistenza, favorendo una relazione armoniosa con il Tao. Inoltre, Laozi sottolinea la necessità di trascendere i limiti della percezione sensoriale per accedere a un regno di comprensione più profondo. Pur riconoscendo il valore delle esperienze sensoriali nell'arricchire l'esistenza umana, spinge gli individui ad andare oltre i confini del regno sensoriale per raggiungere una comprensione più profonda delle verità eterne incarnate dal Tao. Trascendendo le illusioni create dall'input sensoriale, si

può sintonizzarsi sulle correnti sottili del Tao, dissotterrando una saggezza senza tempo che trascende le fluttuazioni transitorie del mondo materiale. Questa trascendenza consente agli individui di percepire l'essenza del Tao, favorendo una chiarezza di visione che trascende i limiti dei meri dati sensoriali.

2. L'impatto dell'eccesso sull'equilibrio interiore:

L'eccesso di indulgenza, un fenomeno diffuso nella società moderna, può creare scompiglio nell'equilibrio interiore, in particolare per quanto riguarda le esperienze sensoriali. Nel pensiero taoista, l'eccesso di indulgenza è visto come un ostacolo al raggiungimento dell'armonia e dell'equilibrio interiore. Il sovraccarico sensoriale risultante dall'eccesso di indulgenza può portare a uno stato di squilibrio, causando interruzioni nella chiarezza mentale, nella stabilità emotiva e nel radicamento spirituale. Inoltre, stimoli sensoriali eccessivi possono oscurare la tranquillità innata e interrompere il flusso naturale del Qi o dell'energia all'interno del corpo, ostacolando il raggiungimento dell'armonia e dell'allineamento con il Tao. Inoltre, l'eccesso di indulgenza perpetua un ciclo di desiderio e insoddisfazione, distorcendo ulteriormente la percezione della realtà e inibendo la coltivazione del vero discernimento. Valutando criticamente l'impatto dell'eccesso di indulgenza sull'equilibrio interiore, gli individui sono spinti a rivalutare il loro rapporto con le esperienze sensoriali e a riconoscere l'importanza della moderazione e della consapevolezza. È essenziale coltivare la consapevolezza delle potenziali conseguenze dell'eccesso, favorendo una comprensione più profonda della delicata interazione tra coinvolgimento sensoriale ed equilibrio interno. Attraverso questa consapevolezza accresciuta, gli individui possono sforzarsi di ripristinare l'equilibrio abbracciando la semplicità, abbracciando la moderazione e allineandosi ai ritmi naturali dell'esistenza.

3. Strategie per coltivare il discernimento sensoriale:

Una strategia fondamentale riguarda la pratica della consapevolezza nelle attività quotidiane. Portando consapevolezza focalizzata a ogni esperienza sensoriale, gli individui possono iniziare a osservare la natura transitoria del piacere e astenersi dall'attaccarsi a esso. Attraverso la consapevolezza, si può sviluppare la capacità di riconoscere la natura fugace degli stimoli sensoriali ed evitare di essere consumati dal desiderio di un'indulgenza sensoriale prolungata.

Un'altra strategia fondamentale per coltivare il discernimento sensoriale è la pratica della moderazione. Gli insegnamenti taoisti sottolineano l'importanza di mantenere un approccio equilibrato verso le esperienze sensoriali. Impegnarsi nella moderazione consente agli individui di apprezzare i piaceri sensoriali senza soccombere all'eccesso o all'eccessiva indulgenza, preservando così il loro equilibrio interiore. Attraverso una consapevolezza cosciente dei limiti, gli individui possono proteggersi dagli effetti dannosi del sovraccarico sensoriale e mantenere la chiarezza mentale.

Inoltre, la filosofia taoista incoraggia a promuovere un atteggiamento di non attaccamento verso le esperienze sensoriali. Rinunciando al bisogno di possedere o aggrapparsi ai piaceri sensoriali, gli individui possono liberarsi dal ciclo di desiderio e avversione, raggiungendo così uno stato di equanimità. Questo cambiamento di prospettiva consente di impegnarsi con gli stimoli sensoriali senza consentire loro di dettare risposte emotive, portando a un modo di vivere più equilibrato e sereno.

Inoltre, coltivare il discernimento sensoriale comporta l'affinamento della capacità di distinguere tra bisogni autentici e meri desideri. Esaminando attentamente le motivazioni alla base delle attività sensoriali, gli individui possono allineare le proprie azioni con la necessità autentica, riducendo così al minimo la propensione all'eccessiva indulgenza. Questo discernimento promuove un senso di libertà interiore e autonomia, spezzando le catene della dipendenza dalla gratificazione sensoriale fugace.

Capitolo 13 - Favore e disonore:

1. Le dualità di favore e disonore:
Il concetto di favore e disgrazia come presentato nel Tao Te Ching di Laozi è profondamente radicato nella filosofia dell'equilibrio e dell'armonia. Queste forze apparentemente opposte sono intricatamente interconnesse, fungendo da strumenti essenziali per l'intuizione spirituale e l'autorealizzazione. Nell'esplorare le dualità di favore e disgrazia, è fondamentale comprendere il loro significato simbolico nel plasmare le esperienze individuali e sociali. Il favore denota spesso il raggiungimento dell'approvazione sociale, della ricchezza materiale e del successo, mentre la disgrazia connota rifiuto, fallimento e avversità. La saggezza di Laozi sta nel trascendere queste polarità per riconoscere la loro unità sottostante. Da una prospettiva filosofica, sia il favore che la disgrazia sono transitori e illusori, soggetti alla natura in continua evoluzione dell'esistenza. Mentre il favore può portare piacere e conforto temporanei, la sua natura effimera richiede distacco e non attaccamento. Allo stesso modo, la disgrazia, con le sue sfide e tribolazioni intrinseche, offre preziose opportunità di crescita e introspezione. Laozi incoraggia i lettori ad abbracciare e trascendere queste dualità, riconoscendo che favore e disgrazia servono come catalizzatori indispensabili per la trasformazione interiore. Attraverso la contemplazione di questi opposti, gli individui coltivano resilienza, umiltà ed equanimità, gettando le basi per l'evoluzione spirituale. Inoltre, nel contesto sociale, l'interazione di favore e disgrazia plasma la coscienza collettiva e la condotta etica. Il riconoscimento della natura ciclica di queste dualità genera empatia, compassione e comprensione all'interno delle comunità, promuovendo armonia e rispetto reciproco. Man mano che si integrano queste

profonde intuizioni nella propria coscienza, le distinzioni illusorie tra queste dualità gradualmente si dissipano, svelando l'unità intrinseca e l'interconnessione di tutti i fenomeni.

2. Impatti psicologici e sociali:

A livello individuale, l'esperienza di favore o disonore può avere un impatto significativo sul benessere emotivo, sul senso di autostima e sullo stato mentale generale. Il conseguimento del favore può portare a un ego smisurato, alla compiacenza e alla dipendenza dalla convalida esterna, mentre l'esperienza di disonore può evocare sentimenti di inutilità, vergogna e disperazione. Questi impatti psicologici spesso si estendono oltre l'individuo, plasmando le dinamiche all'interno di famiglie, circoli sociali e contesti organizzativi.

A livello sociale, la ricerca del favore e l'avversione alla disgrazia influenzano i comportamenti collettivi, le norme e le strutture di potere. Le società creano intrinsecamente sistemi di gerarchia, in cui gli individui competono per il favore e cercano di evitare la disgrazia in vari ambiti come la politica, l'economia e la cultura. Questa dinamica spinge la competizione, l'invidia e il conflitto, rafforzando la stratificazione sociale e perpetuando le disuguaglianze. Inoltre, la paura della disgrazia può sottomettere il dissenso, soffocare l'innovazione e impedire il progresso sociale, portando a conformismo e stagnazione.

Inoltre, l'intreccio di favore e disonore con i valori e i giudizi sociali genera complessi costrutti e aspettative sociali. Questa interazione di percezioni e reputazioni plasma l'opinione pubblica, influenza i processi decisionali e costruisce barriere all'espressione e al contributo genuini. Di conseguenza, gli individui spesso si ritrovano a navigare attraverso intricate reti di approvazione e censura sociale, che hanno un impatto sulle loro identità, relazioni e aspirazioni.

Riconoscere gli impatti psicologici e sociali di favore e disonore chiarisce la natura profondamente radicata di questi concetti e le loro ramificazioni di vasta portata. Comprendere questi impatti può spingere individui e società a valutare criticamente i propri atteggiamenti e risposte verso favore e disonore, promuovendo resilienza psicologica, empatia ed equità sociale.

3. Strategie per l'equilibrio:

Nella ricerca dell'equilibrio e dell'equilibrio tra favore e disonore, gli insegnamenti di Laozi forniscono strategie perspicaci che risuonano attraverso le dimensioni psicologiche e sociali. Al centro di queste strategie c'è la coltivazione della resilienza interiore e il distacco dai giudizi o dalle convalide esterne. Laozi incoraggia gli individui ad abbracciare una mentalità di equanimità di fronte sia al favore che alla disonore, riconoscendo la loro natura transitoria e astenendosi dal rimanere emotivamente invischiati nelle loro fluttuazioni.

Inoltre, Laozi sostiene l'introspezione e l'autoconsapevolezza come elementi fondamentali per navigare negli estremi. Ciò implica lo sviluppo di una comprensione acuta dei propri valori, motivazioni e vulnerabilità, favorendo così la capacità di rimanere stabili in mezzo alle oscillazioni del riconoscimento e della critica esterna. Ancorandosi a un incrollabile senso di sé, gli individui possono trascendere il fascino del favore e il pungiglione della disgrazia, trovando stabilità nel loro valore intrinseco.

Inoltre, abbracciare l'umiltà emerge come una strategia fondamentale nella ricerca dell'equilibrio. Laozi esalta le virtù della modestia e della semplicità, sottolineando la futilità dell'orgoglio eccessivo in tempi favorevoli e la distruttività dello sconforto in momenti di vergogna. Coltivare una disposizione umile favorisce una prospettiva radicata, consentendo agli individui di mantenere la compostezza indipendentemente dalle circostanze esterne, proteggendosi così dall'influenza dirompente delle fortune fluttuanti.

A livello collettivo, il concetto di wu-wei ha una profonda rilevanza nell'affrontare gli squilibri sociali derivanti dalle dicotomie di favore e disonore. Laozi chiarisce la potenza della leadership con interferenze minime e una governance discreta, sostenendo un ambiente socio-politico armonioso caratterizzato da ordine naturale e sviluppo organico. Riducendo al minimo gli interventi guidati dall'ego e arrendendosi al flusso innato degli eventi, i leader possono mitigare gli effetti polarizzanti del favoritismo e dell'ostracismo, promuovendo una società inclusiva ed egualitaria.

Capitolo 14 - Afferrare l'informe:

1. Il concetto senza forma:
La concettualizzazione dell'informe da parte di Laozi presenta un profondo paradosso: il tentativo di articolare l'inarticolabile. Il Tao Te Ching incapsula la lotta per spiegare ciò che intrinsecamente sfida la descrizione, portando Laozi ad adottare un approccio poetico ed enigmatico. Attraverso un linguaggio intricato, una metafora ricca e un simbolismo stimolante, egli naviga abilmente i confini dell'esprimibilità per illuminare l'essenza ineffabile dell'informe.

L'informe, o WuWei, incarna la quintessenza della filosofia taoista, rappresentando uno stato di pura potenzialità privo di caratteristiche distinte. Incapsula la natura trascendente del Tao, eludendo la definizione concreta o la limitazione. Laozi si cimenta nel trasmettere questo concetto sfuggente, riconoscendo i limiti del linguaggio e sforzandosi di fornire scorci di intuizione. In quanto tale, il suo discorso si avventura oltre i confini della prosa tradizionale, abbracciando uno stile etereo e astratto che risuona con i lettori a livello contemplativo.

Utilizzando la giustapposizione, Laozi impiega il contrasto tra il tangibile e l'intangibile per trasmettere l'informe. Giustapponendo il tangibile all'intangibile, svela l'interconnessione di tutte le cose e incarna la dualità intrinseca presente nel Tao. Questa tecnica consente a Laozi di invitare i lettori a una riflessione sulla natura sconfinata dell'esistenza, incoraggiandoli a contemplare la dualità dentro di sé.

La poesia diventa il mezzo di Laozi per incapsulare la natura trascendentale dell'informe. I suoi versi, risonanti di immagini, offrono sensazioni intangibili e componenti vivide che ispirano l'introspezione. Questa struttura poetica stabilisce un'atmosfera eterea che spinge i lettori ad andare oltre l'interpretazione letterale, favorendo un'esperienza immersiva nella comprensione dell'informe.

Attraverso l'applicazione di espedienti poetici come il simbolismo e l'allegoria, Laozi provoca una profonda contemplazione tra i lettori, creando un arazzo di significato che trascende i vincoli linguistici. Mentre si confronta con il paradosso intrinseco di descrivere l'indescrivibile, onora l'informe avvolgendolo in un'aura di riverenza poetica.

2. Approfondimenti interpretativi sul Tao e le sue manifestazioni:
Nel comprendere il Tao, Laozi ci invita a contemplare l'essenza senza forma che sta alla base di tutta l'esistenza. Questa mancanza di forma trascende la nostra comprensione convenzionale della realtà, invitandoci ad approfondire le sottigliezze dell'esistenza. Il Tao, come raffigurato in questi versi, rappresenta la fonte ultima e il contenitore di tutte le forme, eppure è esso stesso senza forma. Questo paradosso ci sfida a riconsiderare le nostre percezioni e ipotesi sulla realtà. Contemplando la natura senza forma del Tao, siamo incoraggiati a riconoscere i limiti dei nostri quadri concettuali e ad

abbracciare un approccio più olistico alla comprensione dell'universo.

Un'intuizione interpretativa fondamentale riguarda l'esplorazione di come il Tao senza forma si manifesta nei molteplici fenomeni del mondo. In tutti i capitoli del Tao Te Ching, Laozi fornisce scorci di questa manifestazione, evidenziando l'interazione tra forma e informe. Questa esplorazione invita i lettori a rivalutare le loro prospettive sul cambiamento, la crescita e l'interconnessione nel mondo naturale. Approfondendo le manifestazioni del Tao senza forma, sviluppiamo un maggiore apprezzamento per la fluidità e la complessità dell'esistenza. Attraverso la contemplazione di queste manifestazioni, otteniamo nuove intuizioni sulla costanza del cambiamento, favorendo una comprensione più profonda dell'interconnessione di tutte le cose.

Inoltre, l'enfasi di Laozi sull'ineffabilità e sulla natura senza forma del Tao ci incoraggia a riflettere sui limiti del linguaggio e del pensiero concettuale nel catturare l'essenza dell'esistenza. Ciò invita a un'indagine filosofica sulla relazione tra rappresentazione linguistica e la vera natura della realtà, fungendo da catalizzatore per l'introspezione e l'esplorazione intellettuale. Approfondendo queste intuizioni, i lettori sono sfidati a coltivare una comprensione più ampia dell'esistenza, trascendendo le apparenze superficiali e abbracciando l'essenza senza forma che sostiene l'universo.

Capitolo 15 - Qualità degli Antichi Maestri:

Gli antichi maestri, come raffigurati nel Tao Te Ching, esibiscono un notevole insieme di attributi che sono senza tempo e in risonanza con l'essenza della filosofia taoista. Al centro del loro essere si trova una sottigliezza intrinseca, una qualità che consente loro di percepire le sfumature e le complessità dell'esistenza che sfuggono all'individuo comune. Questa sottigliezza garantisce loro la capacità di discernere i modelli e i flussi sottostanti del mondo naturale, guidando le loro azioni in armonia con i ritmi in divenire del Tao.

Inoltre, gli antichi maestri incarnano la profondità, scavando nelle profondità dell'esistenza con una saggezza tranquilla che supera il superficiale e il transitorio. La loro profonda intuizione consente loro di navigare le complessità della vita con grazia e compostezza, trascendendo i limiti della comprensione convenzionale. Questa profondità di percezione consente loro di riconoscere l'interconnessione di tutte le cose e di abbracciare la natura in continua evoluzione della realtà senza resistenza.

Inoltre, la natura enigmatica degli antichi maestri incarna un senso di mistero che cattura e incuriosisce coloro che cercano di comprendere i loro modi. Il loro enigma non risiede nella segretezza o nell'occultamento, ma nel loro allineamento con l'enigmatico dispiegarsi del Tao stesso. Le loro azioni fluiscono senza sforzo, guidate da una comprensione innata che trascende la comprensione razionale, invitando alla contemplazione e alla riflessione sui misteri dell'esistenza.

La risonanza di questi attributi con il Tao è profonda. La sottigliezza si allinea con la natura elusiva e intangibile del Tao, riecheggiando la sua essenza eterea che permea tutti i fenomeni. La profondità rispecchia la profondità del Tao, che trascende la conoscenza convenzionale e invita gli individui a scandagliare le profondità della propria coscienza. L'aspetto misterioso degli antichi maestri riflette l'enigma intrinseco del Tao, ricordandoci che il percorso verso la comprensione non è attraverso la rivelazione palese, ma attraverso l'intonazione alle correnti ineffabili dell'universo.

Inoltre, l'esplorazione delle qualità incarnate dagli antichi maestri richiede una profonda comprensione della loro correlazione con i principi taoisti fondamentali. Laozi fornisce un quadro filosofico che si allinea con i tratti virtuosi mostrati da queste venerabili figure. Il concetto di Wu Wei sostiene il comportamento degli antichi maestri, poiché le loro azioni erano armoniosamente allineate con l'ordine naturale, prive di imposizioni forzate. Il loro approccio gentile ma incrollabile alla vita riflette la convinzione taoista di cedere al flusso dell'esistenza, piuttosto che tentare di affermare il dominio o il controllo.

Centrale nel taoismo è l'idea di vivere in accordo con il Tao, o la Via, che comprende spontaneità, semplicità e umiltà. Questi sono gli stessi attributi esemplificati dagli antichi maestri, che hanno navigato la vita con grazia e autenticità, evitando ostentazione e finzione. Inoltre, la nozione taoista di abbracciare il paradosso e la dualità trova risonanza nel comportamento di questi saggi. Essi incarnavano l'equilibrio tra forza e flessibilità, fermezza e gentilezza, e saggezza e compassione, integrando senza soluzione di continuità qualità apparentemente opposte in un insieme armonioso.

Inoltre, l'enfasi sull'interconnessione e l'interdipendenza all'interno della visione del mondo taoista risuona con la profonda comprensione degli antichi maestri del loro ambiente e delle persone che li circondavano. Riconoscendo l'intricata rete di relazioni e l'unità di tutte le cose, hanno mostrato una consapevolezza innata dell'unità intrinseca dell'universo. Le loro azioni e i loro insegnamenti riflettono un'acuta sensibilità ai ritmi sottili della natura e all'interconnessione di tutti gli esseri, promuovendo un ethos di empatia e compassione.

Capitolo 16 - Ritorno alla radice:

Il ritorno alla radice è un concetto profondamente radicato nella filosofia taoista, che rappresenta il principio fondamentale di connessione con la propria vera natura ed essenza.

Nel contesto del Tao Te Ching di Laozi, questo viaggio metaforico simboleggia l'atto di ritorno all'origine, la fonte da cui scaturisce tutta la vita e la saggezza. Nel suo nucleo, il "ritorno alla radice" incoraggia gli individui a spogliarsi delle complessità dell'esistenza umana e a riscoprire semplicità, autenticità e saggezza innata.

Nella filosofia taoista, l'idea di tornare alla radice significa un ritorno a uno stato di puro essere, libero da costrutti sociali o influenze esterne. Spinge gli individui a scavare nel loro sé interiore, liberandosi degli strati di comportamenti appresi e condizionamenti sociali per raggiungere uno stato primordiale e autentico. Così facendo, si può riconoscere l'interconnessione di tutte le cose, promuovendo un senso di unità con l'universo e abbracciando il flusso e il riflusso dell'esistenza.

Questa metafora comprende anche la nozione di abbracciare il cambiamento mantenendo l'equilibrio. Gli insegnamenti di Laozi spingono gli individui a emulare la flessibilità e la resilienza degli elementi naturali, radicati ma capaci di adattarsi ed evolversi con grazia inflessibile. In quanto tale, "ritornare alla radice" diventa una rappresentazione simbolica di stabilità e fluidità che coesistono armoniosamente, guidando gli individui verso la ricerca dell'equilibrio tra le tumultuose correnti della vita.

Durante questa esplorazione, è fondamentale riconoscere il ruolo della consapevolezza e dell'introspezione nell'attualizzazione del concetto di "ritorno alla radice". Coltivando l'autoconsapevolezza e un'acuta comprensione del momento presente, gli individui possono allinearsi con il ritmo naturale e i modelli ciclici dell'esistenza. Questa profonda pratica introspettiva favorisce la chiarezza di pensiero, consentendo di discernere le verità e i principi sottostanti che governano la vita, ottenendo così una connessione più profonda con la "radice".

Inoltre, in termini filosofici, "ritorno alla radice" può essere interpretato come un invito agli individui a riconnettersi con la propria verità interiore e la propria natura originaria. Sottolinea l'importanza di liberarsi di strati estranei di ego, condizionamento sociale e desideri artificiali per riscoprire il proprio sé essenziale. Questo processo implica l'eliminazione delle complessità che offuscano la percezione e ostacolano la comprensione genuina, conducendo infine a uno stato di chiarezza e illuminazione.

Inoltre, da un punto di vista metafisico, "ritorno alla radice" incoraggia la contemplazione dell'interconnessione di tutte le cose. Laozi illustra l'unità intrinseca tra umanità, natura e cosmo, sostenendo un'esistenza armoniosa basata sul riconoscimento dell'interdipendenza dell'esistenza. Addentrandoci nelle profondità dell'indagine filosofica, siamo spinti a riflettere sull'interconnessione trascendente della vita e sulle verità universali che permeano il tessuto dell'esistenza.

Inoltre, la nozione di "ritorno alla radice" ha un significato nella filosofia etica e morale. Sostiene un ritorno a principi virtuosi e a una condotta etica, sottolineando la centralità di integrità, compassione e umiltà. Laozi implora gli individui di incarnare queste virtù come fari guida sul cammino verso la realizzazione, contribuendo a una società caratterizzata da benevolenza e rettitudine.

Capitolo 17 - La funzione silenziosa di un leader:

1. Definizione della leadership silenziosa:
La nozione di "leadership silenziosa" concettualizzata da Laozi ruota attorno all'idea di guidare attraverso la non interferenza e consentendo agli eventi di svolgersi naturalmente. Questa forma di leadership sottolinea l'importanza dell'influenza sottile sull'autorità diretta, dove la presenza del leader è percepita ma non imposta. Incoraggia i leader a esercitare

moderazione e fiducia nell'ordine intrinseco delle cose, privo di eccessivi interventi o manipolazioni. Attraverso questo approccio, il ruolo del leader si sposta verso la creazione di un ambiente di armonia ed equilibrio, dove gli individui sono autorizzati a realizzare il proprio potenziale senza sentirsi costretti. L'essenza della leadership silenziosa risiede nell'incarnare virtù come umiltà, empatia e adattabilità, piuttosto che comandare attraverso direttive assertive. La visione di Laozi illustra un leader che guida non imponendo il controllo, ma ispirando e coltivando le capacità latenti di coloro che vengono guidati. Questa filosofia sfida le visioni convenzionali della leadership, sollecitando una comprensione più profonda di come l'influenza possa essere esercitata con grazia e sottigliezza.

2. I principi taoisti nella leadership moderna:
L'applicazione dei principi taoisti nella leadership moderna ha ricevuto notevole attenzione negli studi organizzativi e nella letteratura manageriale. Al centro del taoismo c'è il concetto di armonia, che sottolinea la necessità per i leader di cercare allineamento ed equilibrio all'interno dei loro team e delle loro organizzazioni. Questo principio è direttamente correlato all'idea di non-azione, in cui i leader efficaci sono incoraggiati ad agire spontaneamente e in sintonia con il flusso naturale degli eventi, piuttosto che imporre rigide strutture o strategie.

Inoltre, l'enfasi taoista su umiltà e altruismo guida i leader a dare il buon esempio e a dare priorità al benessere collettivo rispetto al guadagno personale. Nel contesto della leadership moderna, questo principio incoraggia approcci di leadership di servizio, in cui i leader si concentrano sull'empowerment dei loro team e sulla promozione di un senso di comunità. Inoltre, il concetto taoista di "Wei Wu Wei" o "azione senza azione" si allinea con le teorie di leadership contemporanee che promuovono stili di leadership adattivi e situazionali. I leader che incarnano questi principi sono adattabili, aperti di mente e in grado di rispondere efficacemente a sfide dinamiche e complesse.

Inoltre, la credenza taoista nell'interconnessione di tutte le cose promuove un approccio olistico e inclusivo alla leadership. I leader sono incoraggiati a considerare le implicazioni più ampie delle loro decisioni e azioni, riconoscendo l'interdipendenza di vari stakeholder e l'impatto della loro leadership sull'ecosistema più ampio. Questa visione interconnessa incoraggia anche i leader a coltivare relazioni basate sulla fiducia, l'empatia e il rispetto.

3. Efficacia del leader nel silenzio:
Il silenzio può essere un indicatore cruciale dell'efficacia di un leader, soprattutto se visto attraverso la lente dei principi taoisti. Per valutare l'efficacia di un leader nel silenzio, bisogna prima riconoscere che una leadership efficace non riguarda solo l'agire e prendere decisioni, ma anche la creazione di un ambiente che favorisca la crescita e lo sviluppo. Il concetto di "wei wu wei" suggerisce che un leader dovrebbe sapere quando fare un passo indietro e lasciare che le cose si svolgano in modo naturale. Questo principio sfida la nozione convenzionale di leadership come rumorosa e assertiva, evidenziando il potere del silenzio nel guidare e influenzare gli altri. Valutare il silenzio di un leader implica valutare la sua capacità di ascoltare attivamente, di osservare senza giudizio e di creare spazio affinché gli altri possano contribuire.

Un leader silenzioso comprende il valore della contemplazione e dell'introspezione, usando il silenzio come strumento di autoconsapevolezza ed empatia. Inoltre, i leader efficaci spesso comunicano in modo non verbale, trasmettendo fiducia e sicurezza attraverso il loro comportamento e le loro azioni. Incoraggiano il dialogo aperto e incoraggiano gli altri ad assumersi la responsabilità delle proprie responsabilità, promuovendo la collaborazione e l'inclusività. È essenziale distinguere tra silenzio passivo e intenzionale nella leadership. Il silenzio passivo può segnalare disimpegno o indecisione, mentre il silenzio intenzionale denota riflessione consapevole e moderazione strategica. I leader che abbracciano il silenzio intenzionale mostrano compostezza e premura, guadagnandosi la fiducia e il rispetto dei loro seguaci.

Un altro aspetto della valutazione dell'efficacia del leader in silenzio riguarda la considerazione dell'impatto della sua presenza. Un leader silenzioso emana un senso di calma e stabilità, offrendo rassicurazione e guida senza dominare la scena. Ciò crea un'atmosfera favorevole all'innovazione e alla creatività, poiché gli individui si sentono autorizzati a contribuire senza paura del giudizio. In definitiva, la valutazione dell'efficacia del leader in silenzio richiede un approccio olistico, che comprenda non solo la comunicazione verbale e le azioni visibili, ma anche l'etica e i valori sottostanti che modellano il loro stile di leadership. Riconoscendo le dinamiche sfumate del silenzio nella leadership, le organizzazioni possono coltivare leader che ispirano, motivano e tirano fuori il meglio dai loro team.

Capitolo 18 - Quando il Grande Tao viene dimenticato:

Nel Tao Te Ching di Laozi, il concetto del declino delle virtù morali e dell'emergere dell'umanità è una profonda riflessione sulla natura della trasformazione sociale e sull'erosione dei valori etici intrinseci. Laozi evidenzia l'effetto dannoso dell'abbandono delle virtù innate in favore della moralità e delle leggi imposte, raffigurando un passaggio dall'autenticità all'artificio. Man mano che i valori morali diminuiscono, le società iniziano a fare affidamento su codici morali e regolamenti costruiti per governare il comportamento, con conseguente forma superficiale e insostenibile di condotta etica. La critica di Laozi alla bontà artificiale espone le insidie del fare affidamento esclusivamente su standard morali esterni, sottolineando la necessità per gli individui di coltivare la virtù genuina dall'interno piuttosto che conformarsi ai costrutti sociali imposti.

La perdita di virtù intrinseche richiede l'istituzione di regole e regolamenti esterni per governare il comportamento, perpetuando un ciclo di affidamento sulla moralità superficiale. Laozi sostiene che quando gli individui abbandonano la loro bussola morale innata, diventano suscettibili all'influenza di costrutti sociali artificiali, portando alla soppressione della vera umanità e integrità. Questo fenomeno non solo compromette l'autenticità individuale, ma genera anche una cultura di ipocrita adesione a standard esterni, priva di sincerità interiore e profondità etica. La critica perspicace di Laozi sottolinea l'essenzialità di coltivare e preservare autentiche virtù morali come pietra angolare fondamentale di un ordine sociale armonioso.

Inoltre, la filosofia di Laozi accentua le pericolose conseguenze del dare priorità alle moralità fabbricate rispetto ai principi etici genuini. Evidenziando i pericoli dell'abbandono delle virtù intrinseche, Laozi sostiene un ritorno alla radice della natura umana, dove altruismo, compassione e rettitudine scaturiscono spontaneamente, senza essere ostacolati da costrutti sociali artificiali. Il contrasto tra ordine naturale e costrutti sociali illumina l'essenzialità di promuovere e sostenere valori etici intrinseci come il mezzo più duraturo e virtuoso per sostenere l'armonia sociale.

D'altro canto, Laozi postula che l'ordine naturale, rappresentato dal concetto del Tao, opera in modo armonioso e spontaneo, senza la necessità di interventi esterni o macchinazioni artificiose. Ciò contrasta nettamente con la complessa rete di costrutti sociali che governano le interazioni e le relazioni umane. Secondo Laozi, questi costrutti sociali portano a disarmonia e caos, poiché gli individui si intrappolano in desideri, ambizioni e gerarchie artificiali. Il contrasto tra il flusso senza sforzo dell'ordine naturale e i rigidi vincoli dei costrutti sociali funge da avvincente esplorazione filosofica per comprendere la profonda saggezza contenuta nel Tao Te Ching. Evidenziando questa dicotomia, Laozi esorta i lettori a riflettere sulla discordia intrinseca che nasce dallo scostarsi dall'ordine naturale e dal soccombere alle trappole dei costrutti sociali. Inoltre, Laozi invita a riflettere sulle implicazioni che comporta lo sforzo di allineare la propria vita più strettamente all'armonia spontanea del Tao e sulla conseguente liberazione dai vincoli delle costruzioni sociali.

In definitiva, Laozi esorta gli individui e la società nel suo complesso a rivalutare la loro dipendenza da paradigmi morali imposti dall'esterno e invece a coltivare la rinascita delle virtù innate. Attraverso questo processo introspettivo, gli individui possono rivendicare l'autenticità del loro carattere morale e contribuire alla coltivazione di una società fondata su genuina umanità e integrità, trascendendo le trappole superficiali di quadri etici artificiali.

Capitolo 19 - Semplicità nella virtù:

1. Esplorazione della virtù in assenza di eccesso:
La virtù, come immaginata da Laozi in assenza di complessità sociali, incarna uno stato di armonia interiore e autenticità morale. Spogliata di influenze artificiali e norme sociali, la vera virtù emerge dalla semplicità e dall'aderenza alle leggi naturali. In tale stato, gli individui sono liberati dai fardelli delle attività materialistiche e dei desideri guidati dall'ego, consentendo loro di coltivare una bontà innata che trascende le trappole esterne.

L'enfasi di Laozi sulla semplicità come canale per la vera virtù offre intuizioni profonde sulla condizione umana. Liberandosi delle complessità dei costrutti sociali e degli attaccamenti materiali, gli individui possono allinearsi con i principi fondamentali di armonia ed equilibrio. Così facendo, diventano in sintonia con le virtù intrinseche che risiedono in loro stessi e nel mondo che li circonda. Ciò risuona con la concezione di Laozi di "wei wu wei", dove la virtù sorge senza sforzo da uno stato di spontaneità naturale.

Inoltre, l'importanza di abbracciare la semplicità per raggiungere la vera virtù risiede nella sua capacità di promuovere umiltà ed empatia. Quando gli individui sono liberi dalle trappole dell'eccesso e degli abbellimenti artificiali, sono meglio equipaggiati per abbracciare modestia e compassione. La coltivazione di un comportamento virtuoso diventa un'estensione naturale della propria disposizione intrinseca, piuttosto che uno sforzo artificioso per conformarsi alle aspettative della società.

In sostanza, l'esplorazione della virtù in assenza di eccessi porta a una ridefinizione del successo e della realizzazione. Invece di basarsi sulla ricchezza materiale o sui riconoscimenti esterni, la vera virtù prospera nel regno dell'abbondanza spirituale e della contentezza interiore. Questa prospettiva sfida le nozioni convenzionali di realizzazione, invitando gli individui a misurare il proprio valore in base alla loro condotta etica e alla risonanza armoniosa con i ritmi dell'esistenza.

Come descritto da Laozi, il viaggio verso la virtù attraverso la semplicità è un'odissea trasformativa segnata dall'auto-scoperta e dall'allineamento con le verità universali. Richiede un allontanamento dalle illusioni delle ricerche superficiali e un abbraccio dell'essenza disadorna dell'essere. In definitiva, questa esplorazione invita gli individui a svelare le virtù latenti annidate nel loro nucleo, trascendendo il condizionamento sociale per incarnare la saggezza senza tempo della semplicità.

2. La difesa della modestia e della naturalezza da parte di Laozi:

Laozi, nella sua descrizione di semplicità e virtù, sottolinea l'importanza della modestia e della naturalezza come principi fondamentali per condurre una vita virtuosa. La nozione di modestia si allinea con il concetto di umiltà e l'assenza di arroganza. Laozi sostiene che la vera virtù deriva dal conoscere il proprio posto nell'ordine naturale e dal non aspirare a elevarsi al di sopra degli altri. Questa prospettiva incoraggia gli individui a evitare l'ambizione eccessiva e la ricerca di beni materiali, favorendo così un ambiente di armonia e appagamento.

Inoltre, la difesa della naturalezza da parte di Laozi illumina la convinzione di vivere in accordo con il flusso intrinseco dell'universo. Egli sottolinea l'importanza di abbracciare il proprio sé autentico e di astenersi da comportamenti artificiosi o esibizioni artificiali. Allineandosi al ritmo della natura e privi di pretese, gli individui possono raggiungere l'armonia sia internamente che esternamente, incarnando l'essenza della virtù. Il discorso di Laozi sulla naturalezza invita alla contemplazione del modo in cui gli individui si comportano, ispirando uno stato di equilibrio e tranquillità.

Inoltre, l'enfasi di Laozi sulla modestia e la naturalezza si estende oltre l'individuo per comprendere i valori e la governance della società. I suoi insegnamenti promuovono una leadership caratterizzata da umiltà, prudenza e allineamento con l'ordine naturale. I leader guidati dalla modestia e dalla naturalezza sono percepiti come coloro che governano con empatia e comprensione, promuovendo un'esistenza armoniosa all'interno della comunità. L'intuizione filosofica di Laozi sottolinea l'importanza dei leader che coltivano qualità virtuose radicate in genuina umiltà e autenticità, promuovendo così una società equilibrata e prospera.

Capitolo 20 - Differenziazione dal banale:

1. Rivalutazione della conoscenza:
Confrontando le opinioni sull'accumulo di conoscenza tra la filosofia occidentale e il pensiero taoista, diventa evidente che esiste un netto contrasto. Le tradizioni filosofiche occidentali spesso sostengono la ricerca incessante e l'accumulo di conoscenza attraverso l'osservazione empirica, l'analisi razionale e l'esplorazione teorica. Questo approccio enfatizza l'acquisizione di informazioni attraverso sforzi accademici, attività educative ed elaborazione cognitiva. Al contrario, la filosofia taoista si discosta dalla comprensione convenzionale dell'acquisizione di conoscenza. L'enfasi nel taoismo risiede nella comprensione intuitiva, che si allinea con il concetto di saggezza esperienziale acquisita attraverso la contemplazione, l'auto-riflessione e l'armonizzazione con la natura. Pensatori taoisti come Lao Tzu e Chuang Tzu propongono l'idea di azione senza sforzo e spontaneità naturale come modalità superiori di acquisizione di intuizioni. Sostengono una conoscenza olistica che non nasce solo dall'intelletto, ma da una profonda connessione con i ritmi dell'esistenza. Questa rivalutazione induce un cambiamento di prospettiva, invitando i lettori ad approfondire i meandri della saggezza intuitiva racchiusa negli insegnamenti taoisti.

2. La duplice natura del desiderio:
Il desiderio, nella sua natura intricata, presenta una dualità paradossale che è profondamente radicata nella coscienza e nel comportamento umano. Il conflitto nasce dalla tensione tra il desiderio come forza trainante per l'aspirazione e il raggiungimento, e la potenziale trappola che pone quando non è controllata. Nella filosofia taoista, questa dicotomia è riconosciuta ed esplorata con grande profondità.

Da un lato, il desiderio spinge gli individui a cercare la conoscenza, perseguire l'innovazione e aspirare al miglioramento di sé. Favorisce l'ambizione e alimenta il perseguimento di obiettivi significativi, fungendo così da catalizzatore per la crescita e il progresso. Tuttavia, questo aspetto positivo del desiderio è contrastato dal suo potenziale di sviare gli individui, legandoli in un ciclo perpetuo di desideri insaziabili e attaccamento ai piaceri materiali. Questo squilibrio può causare decadimento morale e l'erosione della tranquillità interiore, ostacolando in ultima analisi lo sviluppo spirituale.

Gli insegnamenti taoisti sottolineano l'importanza di riconoscere e gestire questa duplice natura del desiderio. La filosofia guida gli individui a coltivare un approccio equilibrato verso il desiderio, comprendendo che un eccessivo attaccamento ai desideri porta inevitabilmente alla sofferenza. Riconoscendo la natura transitoria e illusoria dei piaceri mondani, si possono trascendere le catene imposte da implacabili desideri. Così facendo, gli individui possono raggiungere uno stato di distacco ed equanimità, liberandosi dal tumulto causato dagli aspetti conflittuali del desiderio.

Risolvere i conflitti inerenti al desiderio implica affinare la virtù del discernimento, consentendo agli individui di distinguere tra bisogni genuini e desideri superficiali. Applicando questa lente di discernimento ai loro desideri, gli individui possono allineare le loro attività con valori intrinseci e armonia sovrastante. Inoltre, il riconoscimento dell'interconnessione e la coltivazione dell'empatia servono come potenti strumenti per temperare le tumultuose correnti del desiderio. Attraverso l'empatia, gli individui acquisiscono una maggiore consapevolezza dell'impatto dei loro desideri sul più ampio arazzo dell'esistenza, promuovendo un senso di responsabilità e altruismo.

Capitolo 21 - L'essenza sottile del Dao:

1. Comprendere l'essenza sottile:

Il concetto di "essenza sottile" nel Daoismo racchiude la qualità fondamentale, ma spesso sfuggente, del Dao. Si riferisce all'essenza sottostante che permea tutte le cose e i fenomeni, ma rimane intangibile e indefinibile. Questa qualità eterea è paragonata alla sottile fragranza di un fiore o al dolce fluire di un fiume, esistente oltre il regno della percezione diretta. Comprendere l'essenza sottile implica approfondire la nozione che il Dao non è confinato a forme materiali o manifestazioni tangibili, ma piuttosto esiste come un principio intrinseco che trascende il mondo fisico.

Nell'esplorazione del concetto di essenza sottile, diventa evidente che il Dao non può essere pienamente afferrato attraverso mezzi convenzionali di comprensione. Sfugge a definizioni rigide e descrizioni categoriali, invitando gli individui a percepire e contemplare la sua presenza attraverso canali sottili di consapevolezza. L'essenza sottile del Dao pervade ogni aspetto dell'esistenza, guidando i ritmi della natura, l'interazione di forze opposte e l'equilibrio armonioso insito nel cosmo.

Inoltre, comprendere l'essenza sottile richiede una profonda indagine introspettiva sulla natura della realtà e sull'interconnessione di tutte le cose. Invita gli individui a rinunciare all'attaccamento alle apparenze palesi e ad abbracciare le sottigliezze intangibili che sono alla base del tessuto dell'esistenza. Abbracciare l'essenza sottile comporta il riconoscimento della saggezza intrinseca nella semplicità dell'essere e l'allineamento di se stessi con lo sviluppo naturale del Dao.

Il concetto di essenza sottile sottolinea l'interazione dinamica tra il visibile e l'invisibile, il manifesto e l'immanifesto. Sottolinea che mentre i fenomeni tangibili sono transitori e soggetti a cambiamenti, l'essenza sottile del Dao rimane costante e duratura, fungendo da fonte sottostante da cui tutte le cose sorgono e ritornano. Attraverso la contemplazione e la meditazione, gli individui possono sintonizzarsi con le correnti sottili del Dao, risvegliandosi alla profonda profondità e tranquillità insite nell'essenza sottile.

2. Pratiche per incarnare il Dao:
L'incarnazione del Dao è un processo complesso e profondo che richiede pratica dedicata e coltivazione interiore. Praticare l'incarnazione implica non solo la comprensione dei principi sottostanti del Dao, ma anche l'integrazione attiva di questi principi nella propria vita quotidiana. Ci sono diverse pratiche chiave che possono aiutare gli individui a incarnare l'essenza del Dao.

La meditazione è una pratica essenziale per incarnare il Dao. Attraverso la quiete della mente e la ricerca della quiete, gli individui possono aprirsi all'essenza sottile ma trasformativa del Dao. La meditazione consente di connettersi con il flusso dell'universo e coltivare un senso di armonia interiore. Impegnandosi regolarmente nella meditazione, gli individui possono sviluppare una maggiore consapevolezza dell'interconnessione di tutte le cose e allinearsi con i ritmi naturali dell'esistenza.

La consapevolezza è un'altra pratica cruciale per incarnare il Dao. Essere pienamente presenti nel momento e coltivare la consapevolezza dei propri pensieri, sentimenti e azioni consente agli individui di vivere in accordo con la spontaneità e la fluidità del Dao. Praticando la consapevolezza, gli individui possono osservare il flusso e riflusso della vita senza attaccamento o resistenza, abbracciando così la saggezza intrinseca del Dao.

L'auto-riflessione e l'introspezione sono pratiche integrali per incarnare il Dao. Esaminando le proprie convinzioni, comportamenti e motivazioni con onestà e chiarezza, gli individui possono identificare aree di crescita e trasformazione personali. Attraverso l'auto-riflessione, gli individui possono coltivare umiltà, compassione e autenticità, allineandosi più da vicino alle virtù del Dao.

Anche le pratiche fisiche come il qigong e il tai chi possono facilitare l'incarnazione del Dao. Queste arti antiche incoraggiano la coltivazione dell'energia interna, dell'equilibrio e dell'armonia nel corpo, nella mente e nello spirito. Impegnandosi in movimenti consapevoli e tecniche di respirazione, gli individui possono sintonizzarsi con l'energia vitale del Dao, nutrendo sia la salute fisica che il benessere spirituale.

In definitiva, incarnare il Dao è un viaggio che dura tutta la vita e che richiede dedizione, pazienza e apertura. Abbracciando queste pratiche chiave e integrandole nella vita quotidiana, gli individui possono approfondire la loro connessione con l'essenza sottile del Dao e manifestarne la saggezza e la virtù in ogni aspetto del loro essere.

3. Integrare il Dao nella vita quotidiana:

L'integrazione dei principi e della filosofia taoista nella vita quotidiana offre un modo profondo per coltivare armonia ed equilibrio. Comporta l'allineamento delle proprie azioni, pensieri e comportamento con il flusso del Dao, cercando di vivere in accordo con i suoi ritmi e modelli naturali. Per raggiungere questa integrazione, gli individui devono prima coltivare una profonda consapevolezza dell'interconnessione di tutte le cose, riconoscendo che le loro azioni hanno implicazioni più ampie all'interno del tessuto più ampio dell'esistenza. Questa consapevolezza accresciuta funge da fondamento per integrare il Dao nella vita quotidiana.

Inoltre, abbracciare la semplicità è la chiave per vivere in linea con il Dao. Semplificando i desideri materiali ed evitando eccessi inutili, gli individui possono ridurre le distrazioni e concentrarsi su ciò che conta davvero, consentendo loro di raggiungere maggiore chiarezza e tranquillità. Questa semplicità si estende alle interazioni con gli altri, ispirando gli individui a impegnarsi in una comunicazione sincera e compassionevole, promuovendo armonia e comprensione nelle relazioni.

Inoltre, la pratica del wu-wei incoraggia gli individui ad agire in modo spontaneo, non forzato e in armonia con il corso naturale degli eventi. Questo approccio consapevole all'azione elimina le lotte inutili e coltiva un senso di facilità e grazia negli sforzi quotidiani. Abbracciare la spontaneità consente agli individui di adattarsi alle circostanze mutevoli senza resistenza, fluendo dolcemente con lo svolgersi della vita.

D'altra parte, incorporare l'auto-riflessione e l'introspezione nelle routine quotidiane favorisce una comprensione più profonda della propria natura interiore e delle proprie motivazioni, consentendo agli individui di allineare il proprio comportamento con il proprio vero sé. Questo processo implica l'esame regolare di pensieri e azioni, l'identificazione di aree di crescita e la coltivazione di virtù come compassione, umiltà ed empatia.

In definitiva, integrare il Dao nella vita quotidiana richiede un impegno nell'incarnare la saggezza e le intuizioni senza tempo della filosofia di Laozi, applicando i suoi insegnamenti in modi pratici per promuovere il benessere personale e sociale. Coltivando una prospettiva olistica e allineando le azioni con i principi sovraordinati del Dao, gli individui possono sperimentare un profondo senso di pace, appagamento e interconnessione nella loro vita quotidiana.

Capitolo 22 - La virtù della resa:

1. La resa nella filosofia taoista:

Nella tradizione taoista, la resa è concettualizzata come una forma attiva di morbidezza e flessibilità che consente agli individui di armonizzarsi con il flusso naturale dell'esistenza. Questo concetto trova la sua base storica e testuale nei testi taoisti fondamentali, tra cui il Tao Te Ching e lo Zhuangzi.

La nozione di cedimento ha origine dalla comprensione taoista dell'interazione dinamica tra yin e yang, dove il cedimento rappresenta la natura cedevole dello yin, caratterizzata da ricettività, gentilezza e adattabilità. Questa prospettiva sottolinea che la vera forza non risiede nella resistenza energica, ma nella capacità di cedere alle circostanze mantenendo l'integrità interiore. I fondamenti filosofici del cedimento sono ulteriormente chiariti attraverso la metafora dell'acqua, come esemplificato negli insegnamenti di Laozi. L'acqua, nonostante la sua morbidezza, ha la capacità di erodere le sostanze più dure cedendo e adattandosi nel tempo, simboleggiando così il potere trasformativo del cedimento nell'aderire al corso naturale degli eventi.

Inoltre, la base storica del concetto di cedimento può essere fatta risalire agli insegnamenti di Laozi, che ha sottolineato l'importanza dell'azione senza sforzo (wu wei) come mezzo per raggiungere l'armonia con il Dao. La natura contemplativa e introspettiva del trattato filosofico di Laozi, il Tao Te Ching, spiega come il cedimento serva da principio fondamentale nell'allineamento di sé con l'ordine naturale dell'universo.

D'altro canto, lo Zhuangzi, un altro testo taoista fondamentale, approfondisce le dimensioni multiformi della resa, sottolineando le sfumature dell'accettazione del cambiamento, dell'adattabilità e della non-contesa. Queste intuizioni gettano luce su come la resa non sia semplicemente una virtù etica o morale, ma un approccio pragmatico per navigare le complessità della vita con grazia e resilienza.

2. Applicazioni pratiche della resa nella vita quotidiana:
Nel contesto della filosofia taoista, il concetto di cedere si estende oltre gli atti fisici di resa o sottomissione. Comprende un approccio armonioso alle relazioni interpersonali e una mentalità adattiva in varie situazioni. Applicare in pratica la virtù della cedevolezza nella vita quotidiana implica coltivare un profondo senso di empatia e comprensione verso gli altri. Ciò include l'ascolto attivo di punti di vista diversi senza imporre le proprie convinzioni, consentendo alle interazioni di svolgersi in modo naturale e praticando pazienza e tolleranza di fronte alle avversità. Rinunciando alla necessità di affermare costantemente controllo e dominio, gli individui possono creare un ambiente favorevole alla coesistenza pacifica e al rispetto reciproco.

Inoltre, abbracciare il principio di cedere favorisce un'apertura mentale che consente agli individui di adattarsi al cambiamento e alle circostanze impreviste con grazia e compostezza. Invece di resistere rigidamente alle influenze esterne, gli individui possono adattare in modo flessibile le proprie prospettive e azioni in linea con il flusso e riflusso della vita. Rafforzare se stessi con la saggezza della cedevolezza consente agli individui di gestire i conflitti interpersonali con diplomazia e tatto, promuovendo risoluzioni amichevoli anziché aumentare le tensioni.

Le applicazioni pratiche della resa si estendono ai contesti di leadership e decisionali, dove i leader possono dare prova di umiltà e apertura verso diversi input, promuovendo così una cultura organizzativa collaborativa e inclusiva.

3. I benefici spirituali dell'abbracciare la resa:
Abbracciare il concetto di cedere consente agli individui di coltivare una relazione armoniosa con l'ordine naturale, conducendo a un più profondo senso di pace interiore e tranquillità. Rinunciando al bisogno di controllo e dominio, i praticanti

della cedere si aprono alla saggezza del Dao, consentendogli di guidare le loro azioni e decisioni. Questa resa al flusso dell'esistenza promuove una maggiore consapevolezza di interconnessione e interdipendenza, rafforzando il principio fondamentale di unità all'interno del Dao.

Inoltre, abbracciare la resa facilita l'allineamento della propria energia interna, o qi, con l'energia universale del Dao. Questo stato di allineamento consente agli individui di accedere a maggiore vitalità, resilienza e adattabilità, mentre si sintonizzano con i ritmi della natura. Abbracciando la fluidità e la flessibilità insite nella resa, i praticanti sviluppano un senso di grazia e facilità nel navigare le complessità della vita, trascendendo gli ostacoli con pazienza e discernimento.

I benefici spirituali della resa si manifestano nell'arricchimento di virtù come compassione, empatia e umiltà. Quando gli individui liberano il loro attaccamento ai desideri e alle ambizioni guidati dall'ego, diventano più in sintonia con i bisogni e le esperienze degli altri, favorendo connessioni profonde basate sulla comprensione e l'accettazione reciproche. Attraverso la resa, gli individui coltivano uno spirito di apertura e ricettività, che consente loro di riconoscere il valore intrinseco e la dignità di tutti gli esseri, alimentando così un senso di compassione interconnessa che trascende l'interesse personale.

Abbracciare la resa promuove anche la coltivazione della consapevolezza e della presenza, poiché gli individui imparano ad arrendersi a ogni momento senza resistenza o imposizione. Incarnando uno stato di quiete ricettiva, i praticanti raggiungono una maggiore chiarezza di percezione e intuizione, consentendo loro di discernere le verità sottostanti che governano l'esistenza. Questo stato di maggiore consapevolezza facilita un profondo senso di trasformazione interiore, poiché gli individui sviluppano un'acuta sensibilità alle energie e alle forze sottili che modellano la loro esperienza, guidandoli verso un percorso di maggiore saggezza e intuizione.

In definitiva, i benefici spirituali dell'abbracciare la resa si estendono ben oltre l'individuo, irradiandosi verso l'esterno per influenzare le dinamiche delle relazioni interpersonali e l'armonia sociale. Incarnando la virtù della resa, gli individui diventano catalizzatori per la coesistenza pacifica, ispirando gli altri ad abbracciare i principi di non resistenza, cooperazione e rispetto reciproco. In questo modo, la pratica della resa contribuisce alla coltivazione di una società più compassionevole e illuminata, fondata sui principi armoniosi del Dao.

Capitolo 23 - Le manifestazioni della semplicità:

1. Semplicità in termini taoisti:
Nel Daoismo, la semplicità non è semplicemente una mancanza di complessità, ma una profonda comprensione dell'ordine naturale e dell'interconnessione di tutte le cose. Comprende l'idea che abbracciando gli aspetti semplici e disadorni dell'esistenza, gli individui possono raggiungere un profondo senso di tranquillità e chiarezza. Questo concetto suggerisce che la ricerca della semplicità conduce a un allineamento armonioso con il Dao, il principio fondamentale alla base dell'universo. Rinunciando all'attaccamento ai beni materiali e alle convenzioni sociali, si può accedere all'essenza della semplicità e coltivare una consapevolezza intuitiva dei ritmi della natura.

Inoltre, la semplicità in termini taoisti si estende oltre le manifestazioni esterne per comprendere uno stato interiore dell'essere. Incoraggia gli individui a spogliarsi degli strati dell'ego e ad abbracciare il loro sé autentico, privo di pretese e artifici. Abbracciare la semplicità favorisce una tranquillità interiore che consente di navigare nelle complessità della vita con grazia ed equanimità. Riconoscendo la natura transitoria dei desideri e delle ambizioni mondane, ci si può liberare dal peso di uno sforzo incessante e trovare appagamento nel momento presente.

Inoltre, il concetto di semplicità nel Daoismo sottolinea l'interconnessione di tutti i fenomeni e l'interazione di forze complementari all'interno del mondo naturale. Svelando le complessità dell'esistenza e addentrandosi nel cuore della semplicità, gli individui possono percepire l'armonia e l'equilibrio sottostanti che permeano ogni cosa. Coltivare questa prospettiva consente un profondo apprezzamento per la bellezza intrinseca della natura e alimenta una profonda riverenza per la rete interconnessa della vita.

2. Le applicazioni pratiche della semplicità:
In sostanza, la semplicità nell'azione implica un'acuta consapevolezza del momento presente e uno sforzo cosciente per minimizzare la complessità non necessaria. Abbracciando la semplicità, gli individui possono semplificare le loro attività e liberare le loro vite dal disordine, il che porta a una maggiore chiarezza mentale e benessere emotivo. Inoltre, praticare la moderazione e astenersi dal consumo eccessivo non solo promuove la sostenibilità ambientale, ma coltiva anche un senso di appagamento che trascende i beni materiali.

Nelle relazioni interpersonali, l'applicazione della semplicità sta nel promuovere connessioni genuine e nutrire interazioni significative. Coltivando sincerità e trasparenza nella comunicazione, gli individui possono promuovere fiducia e rispetto reciproco, arricchendo così il tessuto delle connessioni umane. La semplicità incoraggia anche l'umiltà, consentendo agli individui di rinunciare ai desideri guidati dall'ego e concentrarsi invece sulla comprensione empatica, promuovendo così relazioni armoniose basate su autenticità e compassione.

Da una prospettiva sociale, la pratica della semplicità ha implicazioni di vasta portata. Dando priorità al benessere collettivo rispetto al guadagno individuale, le comunità possono lavorare verso una distribuzione equa delle risorse e stabilire sistemi che promuovano la giustizia sociale. Abbracciare la semplicità a livello macro implica la rivalutazione delle strutture sociali per garantire che siano in linea con i principi di sostenibilità e inclusività, aprendo così la strada a una coesistenza più armoniosa tra popolazioni diverse.

3. Il ruolo della semplicità nel raggiungimento dell'armonia:

La semplicità, caratterizzata da un'esistenza ordinata e senza complicazioni, funge da potente canale per coltivare l'armonia dentro di sé, con gli altri e con il mondo naturale. La pratica di semplificare i propri beni materiali, pensieri e azioni facilita uno stato di calma interiore e tranquillità, consentendo agli individui di allinearsi con il flusso naturale dell'universo. Questo allineamento con il Dao promuove una coesistenza armoniosa con tutti gli aspetti della vita. Nelle relazioni interpersonali, l'abbraccio della semplicità promuove empatia, comprensione e rispetto, facilitando interazioni più fluide e mitigando i conflitti. Trascendendo le trappole dell'ego e del desiderio, gli individui possono connettersi a un livello più profondo, promuovendo un senso di unità e supporto reciproco. Inoltre, la semplicità estende la sua influenza alla relazione tra umanità e natura. Attraverso un'amministrazione consapevole e un ethos di minima interferenza, i taoisti enfatizzano il vivere in armonia con l'ambiente, trattandolo con riverenza e riconoscendo l'interconnessione di tutti gli esseri viventi. Allineandosi ai principi di non interferenza e spontaneità, gli individui possono coesistere armoniosamente con i flussi e riflussi del mondo naturale, anziché imporre la propria volontà.

Capitolo 24 - Contrasti e paradossi:

1. Dualità taoista:

Il concetto di Yin e Yang è fondamentale per comprendere la filosofia taoista, rappresentando la natura dualistica dell'esistenza e l'interconnessione di tutte le cose. Nel pensiero taoista, Yin e Yang non sono forze opposte ma elementi complementari che esistono in uno stato di equilibrio dinamico, interagendo e influenzandosi costantemente a vicenda. Il concetto può essere applicato a vari aspetti della vita, inclusi fenomeni naturali, comportamento umano e dinamiche sociali.

Yin rappresenta qualità come oscurità, passività, femminilità, freddezza e introspezione. È associato alla ricettività, all'intuizione e agli aspetti nutrienti dell'esistenza. Yang, d'altro canto, incarna luce, attività, mascolinità, calore ed espressione esteriore. Simboleggia assertività, logica e le forze trasformative in gioco nel mondo.

L'armonia tra Yin e Yang è essenziale per mantenere l'equilibrio e l'armonia nella natura e dentro di sé. Questa dualità non è uno stato statico, ma piuttosto un'interazione continua, in cui un aspetto si trasforma nell'altro in un ciclo perpetuo. Proprio come il giorno si trasforma in notte e torna giorno, Yin e Yang fluiscono dentro e fuori dal dominio, creando un ritmo armonioso che sostiene l'universo.

Nel contesto della vita umana, comprendere l'interazione di Yin e Yang consente agli individui di riconoscere i modelli ciclici dell'esistenza e di coltivare una consapevolezza delle proprie energie. Abbracciando la natura complementare di queste forze, si può raggiungere l'equilibrio e affrontare le sfide della vita con saggezza e grazia. Inoltre, il riconoscimento di questa dualità può ispirare un apprezzamento più profondo per l'interconnessione di tutti gli esseri viventi e del mondo naturale.

Gli insegnamenti taoisti sottolineano l'importanza di allinearsi con il flusso e riflusso di Yin e Yang, incoraggiando gli individui ad adattarsi alle mutevoli correnti della vita piuttosto che resistergli. Coltivare una relazione armoniosa con queste forze contrastanti ma interdipendenti promuove un approccio olistico alla vita, in cui accettazione e adattamento portano a una maggiore resilienza e intuizione.

2. L'armonia degli opposti:
Nella filosofia del Daoismo, il concetto di yin e yang illustra l'armonia degli opposti. Queste forze opposte non sono viste come in conflitto o reciprocamente esclusive, ma piuttosto come complementari e interdipendenti. L'interazione di yin e yang è essenziale per mantenere l'equilibrio e l'armonia in tutti gli aspetti dell'esistenza. Questo principio è profondamente radicato in vari aspetti della vita umana, della natura e dell'universo. Il riconoscimento di dualità complementari sostiene il pensiero Daoista e guida gli individui verso una comprensione più profonda dell'interconnessione di tutte le cose.

Attraverso la lente di yin e yang, percepiamo che la luce esiste a causa dell'oscurità, il suono è definito dal silenzio e la vita prospera in armonia con la morte. Abbracciare questa dualità intrinseca ci consente di riconoscere la bellezza nel contrasto e apprezzare il delicato equilibrio all'interno dell'ordine naturale. L'essenza di yin e yang pervade tutte le sfaccettature dell'esistenza, influenzando il modo in cui gli individui percepiscono il mondo e interagiscono con gli altri. Riconoscendo la natura interconnessa e complementare di forze apparentemente opposte, si può coltivare una prospettiva olistica che trascende le rigide dicotomie e promuove relazioni armoniose.

Inoltre, il concetto di yin e yang incoraggia l'introspezione riguardo ad atteggiamenti, convinzioni e comportamenti personali. Spinge gli individui a riconoscere e abbracciare le proprie dualità interiori, favorendo l'autoconsapevolezza e promuovendo la crescita personale. Inoltre, comprendere l'armonia degli opposti incoraggia l'adattabilità, la resilienza e l'accettazione del cambiamento. Nel contemplare l'armonia degli opposti, gli individui sono incoraggiati a guardare oltre i conflitti superficiali e a cercare l'unità nella diversità. Questo approccio promuove l'inclusività, il rispetto per le diverse prospettive e l'apprezzamento per le diverse esperienze.

3. I paradossi come percorsi verso l'illuminazione:
Nella filosofia taoista, i paradossi sono venerati come porte di accesso a una comprensione più profonda e all'illuminazione. Il concetto di yin e yang esemplifica questa idea, mostrando come forze apparentemente opposte (oscurità e luce, femminile e maschile, cedevolezza e forza) compongano un insieme armonioso. Attraverso la contemplazione di questi paradossi, i praticanti imparano ad abbracciare l'interazione di elementi contrastanti nella vita. Questa accettazione conduce a una prospettiva illuminata che trascende il pensiero dualistico, rivelando l'interconnessione di tutte le cose.

Inoltre, abbracciare i paradossi incoraggia gli individui ad affrontare la vita con umiltà e apertura mentale. Riconoscendo che la verità spesso si nasconde oltre le contraddizioni superficiali, si può coltivare una mentalità di curiosità e meraviglia, spingendoli verso una maggiore saggezza. Abbracciare i paradossi eleva gli individui al di sopra di rigidi punti di vista, favorendo adattabilità e resilienza di fronte a circostanze in continuo cambiamento.

D'altra parte, i paradossi sfidano gli individui a esplorare oltre i confini convenzionali, stimolando creatività e innovazione. Quando si confrontano con apparenti contraddizioni, i praticanti taoisti cercano di scoprire la loro unità di fondo, espandendo così la loro capacità di pensiero olistico e risoluzione dei problemi. Questa volontà di impegnarsi con la complessità promuove uno spirito di esplorazione e scoperta, alimentando una vita interiore ricca e dinamica. Attraverso questo processo, gli individui sfruttano il potere dei paradossi per alimentare la crescita personale e intellettuale, portando infine a intuizioni profonde e scoperte creative.

La contemplazione dei paradossi funge da fondamento per la crescita etica e morale. Riconoscendo la coesistenza di verità opposte, gli individui sviluppano compassione ed empatia, realizzando la natura multiforme delle esperienze umane. Questa consapevolezza genera un profondo rispetto per la diversità e un'acuta sensibilità per i bisogni e le prospettive degli altri.

Capitolo 25 - Comprendere il Dao misterioso:

Il concetto di Dao è intrinsecamente paradossale, poiché riflette la natura fondamentale dell'esistenza che è sia sempre sfuggente che in continuo cambiamento. I versi di Laozi nel Tao Te Ching esplorano spesso le qualità enigmatiche del Dao, sottolineandone l'essenza ineffabile che trascende la comprensione razionale. Tentare di definire il Dao è simile ad afferrare le ombre: ci sfugge tra le dita, eludendo una descrizione concreta. Eppure, nonostante la sua natura sfuggente, il Dao permea ogni aspetto dell'esistenza, influenzando il flusso e il riflusso dell'universo. Cercare di svelare i concetti fondamentali del Dao richiede l'accettazione di questo paradosso intrinseco, riconoscendo che la sua stessa natura sfida una definizione rigorosa. Gli insegnamenti di Laozi invitano alla contemplazione dell'interconnessione di tutte le cose e della fluidità dell'esistenza, sottolineando l'importanza di abbracciare il cambiamento e l'incertezza. È attraverso tale esplorazione riflessiva che possiamo acquisire intuizioni sui principi essenziali del Dao.

Inoltre, esplorando il concetto del Dao nella vita di tutti i giorni, incontriamo un ricco arazzo di interazioni e intuizioni che rivelano il profondo significato del vivere in allineamento con il Dao. Attraverso l'osservazione consapevole e l'introspezione, gli individui possono scoprire i sottili meccanismi del Dao in tutti gli aspetti dell'esistenza. L'interconnessione di tutte le cose diventa evidente mentre si naviga tra le innumerevoli esperienze incontrate nella vita quotidiana, dai momenti più semplici alle relazioni più complesse.

Nel suo nucleo, il Dao incoraggia gli individui a sintonizzarsi con il flusso naturale dell'universo, promuovendo un profondo senso di armonia e pace. Questa integrazione armoniosa si estende oltre l'individuo, manifestandosi in dinamiche comunitarie e strutture sociali. Riconoscendo e abbracciando i ritmi intrinseci dell'esistenza, gli individui acquisiscono una maggiore consapevolezza del loro posto all'interno del tutto più grande, conducendo a una vita più equilibrata e appagante.

Interagire con il Dao nella vita di tutti i giorni implica anche coltivare virtù come compassione, umiltà e semplicità. Queste virtù servono come principi guida per una condotta etica e un impegno significativo con gli altri. Attraverso atti di gentilezza, comprensione e altruismo, gli individui esemplificano gli insegnamenti del Dao nelle loro interazioni, promuovendo connessioni più profonde e alimentando una società più compassionevole.

Le intuizioni sul Dao nella vita di tutti i giorni sono spesso rivelate attraverso la contemplazione del banale e dello straordinario. Sia nella tranquillità della natura o nell'energia frenetica degli ambienti urbani, le opportunità per riconoscere la natura profonda della presenza del Dao abbondano. Impegnandosi in pratiche riflessive e consapevolezza, gli individui diventano in sintonia con le sottigliezze del Dao, ottenendo intuizioni sull'interazione dell'esistenza e sulle verità essenziali che sostengono la realtà.

Mentre ci addentriamo più a fondo nell'esplorazione del Daoismo, diventa evidente che catturare l'essenza del Dao è un'impresa che trascende i confini della comprensione convenzionale. Il concetto di approccio al Dao Eterno richiede un profondo cambiamento di prospettiva e un impegno incrollabile alla contemplazione introspettiva.

Capitolo 26 - Il potere della pesantezza e dell'immobilità:

Nella filosofia taoista, il concetto di pesantezza va oltre il suo significato letterale e si estende in una rappresentazione simbolica di stabilità e profondità all'interno della propria pratica spirituale ed etica. Abbracciare la pesantezza favorisce la comprensione dell'interconnessione tra sé stessi e il mondo, consentendo una presenza di ancoraggio in mezzo alle incertezze della vita. Significa un fondamento di base, ricordando ai praticanti di rimanere saldamente radicati nei loro principi e virtù. Questa nozione riflette un ethos di fermezza e affidabilità, incoraggiando gli individui a emulare la natura incrollabile degli elementi naturali che durano nel tempo.

Nel Daoismo, il significato della pesantezza comprende anche la nozione di equilibrio, un principio fondamentale per condurre un'esistenza armoniosa e significativa. Coltivando un apprezzamento per la pesantezza, i praticanti sono spinti a navigare nella vita con un senso di equilibrio, riconoscendo l'interazione tra forze opposte e trovando equilibrio nel flusso dell'esistenza. Questo equilibrio è al centro degli insegnamenti Daoisti, sostenendo il riconoscimento sia della leggerezza che del peso nelle azioni e nelle decisioni, guidando gli individui verso un discernimento consapevole e risposte ponderate.

Inoltre, il simbolismo della pesantezza serve come promemoria della profonda profondità del percorso taoista. Addentrandosi nella ricchezza di questo simbolismo, gli individui coltivano una consapevolezza della profondità del proprio essere, favorendo l'introspezione e l'autorealizzazione. L'abbraccio della pesantezza incoraggia gli individui a esplorare le profondità della propria coscienza, cercando di scoprire verità nascoste e intuizioni che contribuiscono alla crescita personale e all'illuminazione. Questa profonda contemplazione si allinea con il principio taoista di abbracciare i misteri della vita, invitando i praticanti a viaggiare verso l'interno e scoprire la profonda saggezza che giace sotto la superficie.

Inoltre, l'immobilità, nel contesto della filosofia taoista, comprende una moltitudine di strati che si estendono oltre l'inattività fisica. Nel suo nucleo, l'immobilità denota uno stato di tranquillità interiore e armonia, dove la mente raggiunge un equilibrio sereno. Questa virtù non è semplicemente l'assenza di movimento, ma piuttosto una presenza profonda che permea l'intero essere.

Nel Daoismo, è coltivando la quiete che gli individui sono in grado di raggiungere una maggiore consapevolezza del flusso naturale del Dao, consentendo loro di armonizzarsi con lo svolgersi degli eventi senza inutili resistenze o imposizioni. Inoltre, abbracciare la virtù della quiete genera un profondo senso di chiarezza e intuizione, consentendo di percepire e rispondere alle situazioni con una prospettiva discernente ed equilibrata.

Esplorare la virtù della quiete implica anche il riconoscimento dell'interconnessione di tutte le cose nell'universo. Immergendosi nella quiete, gli individui possono sintonizzarsi sui ritmi e le energie sottili che permeano l'esistenza, favorendo un profondo senso di interconnessione con il mondo che li circonda. Questa interconnessione dà origine a un senso di empatia, compassione e riverenza per tutte le forme di vita, promuovendo così una relazione armoniosa con il cosmo più ampio.

La coltivazione della quiete consente agli individui di addentrarsi nelle profondità della propria coscienza, facilitando l'auto-scoperta e l'introspezione. Nell'abbraccio tranquillo della quiete, si trova lo spazio per affrontare, elaborare e trascendere le complessità dell'esperienza umana, conducendo infine alla crescita personale e all'evoluzione spirituale. Questa dimensione introspettiva della quiete fornisce agli individui la capacità di affrontare le sfide della vita con resilienza, equanimità e grazia.

Capitolo 27 - Abilità e maestria nell'azione:

Nel contesto del Daoismo, il comportamento abile è definito dal suo allineamento con la legge naturale e il principio dell'azione senza sforzo. La filosofia daoista sottolinea l'importanza di armonizzarsi con il flusso naturale dell'universo, consentendo agli eventi di svolgersi organicamente senza forza o resistenza inutili. Attraverso questa lente, gli individui abili sono coloro che possono navigare nelle complessità della vita con grazia e adattabilità, proprio come l'acqua che si modella senza sforzo per adattarsi a qualsiasi contenitore. Invece di imporre la propria volontà al mondo, lavorano in armonia con il flusso e il riflusso dell'esistenza, consentendo alle circostanze di guidare le loro azioni.

Centrale al concetto di abilità nel Daoismo è l'idea di Wu Wei, o non-azione. Ciò non implica una mancanza di azione o pigrizia, ma piuttosto la capacità di agire senza sforzarsi, di ottenere senza forzare. L'abilità è quindi caratterizzata non da uno sforzo palese, ma da una comprensione intuitiva del corso d'azione più efficace in una data situazione. Comporta risposte spontanee e non forzate che si allineano con l'ordine naturale, dimostrando una profonda sintonia con i ritmi dell'esistenza.

Inoltre, l'abilità nel contesto del Daoismo comporta un profondo rispetto per l'interazione tra Yin e Yang, le forze complementari che sostengono l'universo. Riconoscendo l'interazione dinamica di queste polarità, gli individui abili abbracciano la dualità dell'esistenza e cercano l'equilibrio in tutti gli sforzi. Comprendono che ogni azione ha la sua controazione e ogni decisione comporta delle conseguenze, quindi si sforzano di agire in modi che minimizzino la discordia e massimizzino l'armonia.

Gli insegnamenti taoisti sottolineano l'importanza di coltivare virtù interiori come umiltà, semplicità e compassione come qualità essenziali per una vita abile. Un individuo abile mostra un comportamento umile, rifuggendo arroganza e presunzione, e mantiene un atteggiamento aperto e ricettivo verso gli altri e il mondo. Attraverso la semplicità, evitano complessità e stravaganze inutili, vivendo in accordo con la loro natura genuina e rispettando il principio del minimo sforzo per il massimo effetto.

Capitolo 28 - Mantenere l'integrità attraverso la flessibilità:

1. L'essenza dell'integrità adattiva:
L'essenza dell'integrità adattiva risiede nell'equilibrio armonioso tra il rimanere fedeli ai propri principi fondamentali e l'essere abbastanza flessibili da fluire con le circostanze in continua evoluzione della vita. A differenza della rigida aderenza al dogma o ai principi inflessibili, la flessibilità taoista riconosce l'inevitabilità della trasformazione e cerca di mantenere un senso di completezza in mezzo al flusso del mondo.

Al centro di questa nozione c'è la comprensione che l'integrità non dovrebbe essere equiparata a un'ostinata inflessibilità.

Invece, richiede una profonda consapevolezza del contesto in cui si opera, riconoscendo che situazioni, relazioni e ambienti sono in un continuo stato di flusso. Sottolinea l'importanza di rimanere fedeli alla propria verità interiore, adattandosi abilmente alle mutevoli maree dell'esistenza. Questo approccio promuove una resilienza organica che consente agli individui di affrontare le sfide con grazia e saggezza, senza compromettere i propri valori essenziali.

Inoltre, la flessibilità taoista incoraggia i praticanti a incarnare le qualità dell'acqua, un simbolo spesso evocato nei testi antichi. L'acqua possiede la straordinaria capacità di adattarsi alla forma di qualsiasi recipiente in cui si trovi, ma ha anche il potere di incidere le sostanze più dure nel tempo. Allo stesso modo, coloro che coltivano l'integrità adattiva imparano ad abbracciare i contorni di ogni situazione che incontrano, piegandosi senza rompersi e perseverando attraverso le prove della vita. Riconoscendo l'interconnessione di tutti i fenomeni e realizzando che il cambiamento è un aspetto intrinseco dell'universo, adattano fluidamente il loro corso d'azione onorando al contempo il fondamento della loro bussola morale.

È importante notare che l'integrità adattiva non implica passività o relativismo morale. Piuttosto, sottolinea la necessità di rispondere alle circostanze mutevoli da un luogo di allineamento consapevole con il proprio centro etico. Questo equilibrio dinamico consente agli individui di affrontare le complessità della vita con discernimento e tatto, navigando nel delicato equilibrio tra fermezza e flessibilità. Di conseguenza, l'obiettivo principale non è la mera sopravvivenza, ma piuttosto il fiorire del proprio sé autentico all'interno del flusso e riflusso dell'esistenza.

2. Principi di flessibilità taoista:
I principi della flessibilità taoista attingono agli insegnamenti essenziali di Laozi, sottolineando l'importanza dell'adattabilità

e della fluidità nell'approccio alla vita. Al centro di questo principio c'è l'idea di abbracciare il cambiamento piuttosto che resistergli. La filosofia taoista insegna che la rigidità porta alla vulnerabilità, mentre la flessibilità aumenta la forza.

Inoltre, la flessibilità taoista implica la nozione di 'ziran', o naturalezza, che sostiene un allineamento armonioso con l'ordine naturale delle cose. Questo principio enfatizza la coltivazione dell'intuizione, consentendo agli individui di rispondere alle situazioni in modo intuitivo e in accordo con il flusso del Dao. In sostanza, la pratica della flessibilità taoista incoraggia gli individui a liberarsi dagli attaccamenti a risultati predeterminati e ad abbracciare l'ignoto con un senso di apertura e ricettività.

Un altro principio fondamentale della flessibilità taoista è il riconoscimento dell'interconnessione di tutti i fenomeni. Questa interconnessione sottolinea la necessità di rimanere adattabili e reattivi alle dinamiche in continua evoluzione dell'esistenza. Riconoscendo l'interazione fluida di yin e yang, la flessibilità taoista promuove una prospettiva equilibrata e olistica, consentendo agli individui di navigare nelle complessità con resilienza e grazia.

La flessibilità taoista promuove la coltivazione della quiete interiore in mezzo alla turbolenza esterna. Coltivando la tranquillità interiore, gli individui possono mantenere l'equanimità di fronte a circostanze difficili, consentendo loro così di prendere decisioni lucide senza essere influenzati dalla reattività emotiva.

Capitolo 29 - Riconoscere i limiti ed evitare il predominio:

1. Il principio delle limitazioni naturali:
La natura stessa opera entro confini definiti e gli sforzi umani sono soggetti a vincoli simili. Che si tratti delle risorse finite a

nostra disposizione o delle capacità dei nostri attributi fisici e mentali, tutti gli aspetti della vita sono governati da limiti intrinseci. Comprendere e rispettare queste limitazioni costituisce l'essenza del mantenimento dell'armonia e dell'equilibrio nelle nostre vite.

Quando osserviamo il mondo naturale, osserviamo che gli ecosistemi prosperano quando c'è un delicato equilibrio tra i vari componenti. Ogni organismo in un ecosistema opera entro i propri limiti, contribuendo all'equilibrio generale. Ad esempio, i predatori tengono sotto controllo le popolazioni di prede, impedendo il consumo eccessivo di risorse e mantenendo l'ordine naturale. Allo stesso modo, piante e alberi utilizzano in modo efficiente la luce solare, l'acqua e i nutrienti disponibili entro limiti che sostengono l'ecosistema nel suo complesso. Questa interazione di limiti assicura la sostenibilità e la resilienza dell'ambiente.

Nelle attività umane, il principio dei limiti naturali è valido in modo simile. I nostri corpi fisici hanno soglie innate oltre le quali lo sforzo eccessivo porta all'esaurimento e a potenziali danni. Allo stesso modo, le nostre capacità cognitive hanno dei limiti e pretendere più di quanto sia fattibile può causare stress e burnout. Riconoscere e lavorare entro questi limiti è parte integrante del benessere e della realizzazione personale.

Inoltre, nel regni della creatività, dell'innovazione e della produttività, riconoscere i limiti naturali può alimentare l'ingegno. I vincoli spesso spingono gli individui a pensare in modo fantasioso e a trovare soluzioni inventive. Quando si trovano di fronte a dei limiti, le persone sono spinte a esplorare approcci alternativi e a spingere i confini del pensiero convenzionale. Questa mentalità adattiva promuove resilienza, intraprendenza e adattabilità, qualità essenziali per affrontare le sfide e ottenere progressi significativi.

Abbracciando il principio delle limitazioni naturali, non solo onoriamo l'ordine intrinseco della natura, ma coltiviamo anche una mentalità di discernimento ed equilibrio. Ci ricorda di procedere consapevolmente, facendo scelte e allocazioni coscienziose che siano in linea con l'uso sostenibile delle risorse e il benessere nostro e degli altri. Abbracciare le nostre limitazioni non limita il nostro potenziale; piuttosto, ci dà il potere di operare all'interno di un quadro che sostiene crescita, resilienza e contributi significativi.

2. Coltivare umiltà e moderazione:
L'umiltà, come sostenuta da Laozi, comporta il riconoscimento dei propri limiti e l'astensione dal ricercare un potere o un dominio eccessivi. Si tratta di riconoscere che tutti gli individui sono soggetti a limiti naturali e che la vera forza risiede nell'allinearsi al flusso del Dao piuttosto che imporre la propria volontà agli altri. Attraverso la coltivazione dell'umiltà, gli individui possono acquisire una comprensione più profonda delle proprie capacità e imparare ad apprezzare il valore della cooperazione e del rispetto reciproco. Questo principio si estende anche alla leadership, sottolineando l'importanza dei leader che incarnano l'umiltà ed evitano un approccio tirannico alla governance. Adottando un atteggiamento di umiltà, i leader possono creare un ambiente che incoraggia l'inclusività, la collaborazione e prospettive diverse. Inoltre, il concetto di moderazione integra la pratica dell'umiltà, poiché implica l'esercizio della moderazione e l'evitamento degli eccessi in tutte le attività. Laozi insegna che l'esercizio della moderazione consente agli individui di evitare comportamenti sconsiderati e di agire invece con prudenza e consapevolezza. Nel contesto della leadership, praticare la moderazione significa governare con saggezza ed empatia, astenersi dall'imporre oneri indebiti agli altri e promuovere un'atmosfera di armonia ed equilibrio all'interno della società.

3. Leadership armoniosa senza coercizione:

Nel regno della leadership, il concetto di leadership armoniosa senza coercizione implica l'abile arte di guidare con grazia, empatia e saggezza, piuttosto che attraverso la forza o il dominio. Un leader armonioso dà priorità alla collaborazione, alla creazione di consenso e al rispetto reciproco, promuovendo un ambiente in cui i punti di forza e le prospettive uniche di ogni individuo sono valorizzati. Il fondamento della leadership armoniosa si basa sul principio di integrazione piuttosto che sull'imposizione, consentendo un approccio più inclusivo al processo decisionale e alla risoluzione dei problemi. Questo approccio consente di sfruttare la creatività e l'esperienza collettive, con conseguenti soluzioni innovative e risultati sostenibili.

L'essenza della leadership armoniosa risiede nella coltivazione dell'intelligenza emotiva e della consapevolezza. Un leader armonioso possiede la capacità di empatizzare con gli altri, comprendere i diversi punti di vista e dimostrare una genuina cura per il benessere dei membri del suo team. Creando un'atmosfera di sicurezza psicologica e fiducia, un tale leader incoraggia una comunicazione aperta e un feedback costruttivo, consentendo così agli individui di esprimere i propri pensieri senza paura di ripercussioni. Inoltre, un leader armonioso esemplifica l'umiltà, riconoscendo i limiti della propria conoscenza ed esperienza e rimanendo aperto all'apprendimento da coloro che guida.

Oltre alle caratteristiche personali, un leader armonioso adotta una mentalità di servant-leadership, dando priorità alla crescita e allo sviluppo dei membri del suo team. Ispira e fa da mentore agli altri, coltivando il potenziale di ogni individuo e guidandolo verso l'eccellenza personale e professionale. Questa forma di leadership è caratterizzata dalla sua attenzione disinteressata al contributo al bene comune, enfatizzando il benessere della collettività rispetto al guadagno personale. Tali leader capiscono che il vero potere non deriva dall'autorità, ma dalla capacità di influenzare positivamente ed elevare gli altri.

Inoltre, la leadership armoniosa si allinea ai principi taoisti, poiché incarna il ritmo naturale e l'equilibrio insiti nel Dao. Come l'acqua che scorre senza sforzo attorno agli ostacoli, un leader armonioso si adatta alle situazioni con fluidità e grazia, evitando inutili confronti o conflitti. Cercano l'armonia nella discordia, riconoscendo che la vera forza non sta nel sopraffare le avversità, ma nel trovare l'unità nella diversità.

Capitolo 30 – Riflessioni sull'uso della forza:

1. Le implicazioni della forza nella governance:
L'applicazione di misure coercitive nel governo, che si tratti di intervento militare, governo oppressivo o politiche pesanti, comporta impatti immediati che spesso riecheggiano nella storia. Nel valutare gli effetti a breve termine, si è inclini a osservare l'immediata soppressione del dissenso e dell'opposizione, mettendo a tacere di fatto le sfide all'autorità. Questa stabilità superficiale, tuttavia, ha un costo in quanto favorisce un ambiente di paura e disillusione tra la popolazione.

Inoltre, l'erosione delle libertà civili e dei diritti umani sotto un governo forzato semina semi di malcontento che ribollono sotto la superficie, in attesa di un'opportunità per esplodere in segno di sfida. La repressione della libertà di espressione e di riunione può momentaneamente trasmettere un'illusione di ordine, ma corrode la fiducia e l'unità della società, minando le fondamenta stesse di una nazione solida e armoniosa.

Le implicazioni a lungo termine della forza nella governance si manifestano nelle cicatrici durature lasciate sulla psiche collettiva di una nazione. Una società sottoposta a un governo repressivo sperimenta una profonda sfiducia nei confronti dei suoi leader e delle sue istituzioni, con conseguenti relazioni civiche fratturate e una coesione sociale ridotta. Il trauma inflitto da un governo forzato persiste attraverso le generazioni, plasmando gli atteggiamenti e i comportamenti dei cittadini futuri, che potrebbero nutrire risentimento e scetticismo nei confronti dell'autorità. I semi della discordia seminati attraverso un governo oppressivo possono germogliare in disordini e sconvolgimenti diffusi, minacciando la stabilità e la prosperità della nazione.

Inoltre, la reputazione internazionale di un regime governato dalla forza è offuscata, portando all'isolamento e a relazioni diplomatiche tese con altre nazioni. Le ripercussioni della governance forzata sono multistrato e durature, causando fratture all'interno del tessuto della società e riducendo il potenziale per un progresso sostenibile. Quindi, valutare le implicazioni della forza nella governance richiede una considerazione completa dei suoi impatti di vasta portata e profondi che trascendono i confini temporali.

2. Prospettive storiche e filosofiche sulla coercizione:
L'uso della forza come mezzo per ottenere conformità o controllo è stato impiegato da varie civiltà e sistemi politici, spesso con implicazioni di vasta portata. Dagli antichi imperi della Mesopotamia ai moderni stati nazionali del XXI secolo, l'applicazione della coercizione ha avuto un'influenza significativa sul corso degli affari umani. Filosoficamente, il concetto di coercizione solleva profonde questioni relative all'etica, alla giustizia e alla natura del potere. Nell'esaminare eventi storici, come guerre, conquiste e rivoluzioni, incontriamo esempi in cui la coercizione è stata utilizzata come strumento per affermare l'autorità e imporre la conformità. Sia attraverso la conquista marziale, l'imperialismo economico o l'egemonia ideologica, l'impatto delle misure coercitive sulle libertà individuali e sui destini collettivi non può essere sopravvalutato. Varie tradizioni filosofiche offrono prospettive divergenti sulle

dimensioni etiche della coercizione. La giustapposizione di argomenti utilitaristici a favore della coercizione per il "bene superiore" contro considerazioni deontologiche di autonomia e diritti individuali ha scatenato dibattiti duraturi tra teorici morali e politici. Inoltre, gli scritti di filosofi influenti come Rousseau, Kant e Mill hanno approfondito le complessità sfumate della governance e della libertà in relazione all'uso della forza. La perdurante rilevanza di queste discussioni per le strutture sociali contemporanee e le relazioni internazionali sottolinea il significato duraturo della comprensione delle prospettive storiche e filosofiche sulla coercizione.

3. Alternative alla forza:
Nella ricerca di armonia e stabilità all'interno di una comunità o società, diventa imperativo esplorare strategie alternative per raggiungere una risoluzione pacifica senza ricorrere alla forza. Una strada cruciale è l'implementazione di meccanismi di mediazione e risoluzione dei conflitti che diano priorità al dialogo aperto, all'empatia e alla comprensione. Questi processi possono fungere da strumenti inestimabili per mitigare le controversie e promuovere la riconciliazione senza perpetuare le ostilità.

Inoltre, l'enfasi sulla diplomazia e la negoziazione consente alle parti in conflitto di impegnarsi in conversazioni costruttive con l'obiettivo di raggiungere accordi reciprocamente vantaggiosi. Promuovendo un ambiente che incoraggia il compromesso e la creazione di consenso, gli sforzi diplomatici possono efficacemente aggirare la necessità di misure coercitive.

Inoltre, il concetto di giustizia riparativa fornisce un quadro convincente per affrontare i conflitti concentrandosi sulla guarigione e la riparazione piuttosto che sulle azioni punitive. Questo approccio cerca di comprendere le cause profonde della discordia e avvia misure volte al ripristino e alla riabilitazione, promuovendo così una pace duratura. Una componente integrante della risoluzione non violenta dei conflitti implica l'emancipazione di individui e comunità attraverso l'istruzione, la consapevolezza e il rafforzamento delle capacità. Dotando le persone delle competenze per affrontare i torti in modo pacifico e costruttivo, le società possono coltivare una cultura di pacifica convivenza.

Inoltre, investire in iniziative di sviluppo sociale ed economico può alleviare le tensioni sottostanti e ridurre la propensione al conflitto. Affrontando le disuguaglianze strutturali e le disparità socioeconomiche, queste misure contribuiscono alla creazione di un tessuto sociale più equo e coeso. L'adozione di un approccio multiforme alla costruzione della pace che comprenda l'attivismo di base, lo scambio interculturale e la promozione dei diritti umani svolge un ruolo fondamentale nella prevenzione e risoluzione dei conflitti. Coinvolgere diverse parti interessate in sforzi collaborativi per creare fiducia e promuovere la comprensione serve a smantellare le barriere e promuovere l'inclusività.

In definitiva, la ricerca di una risoluzione pacifica richiede un impegno verso l'empatia, la cooperazione e la risoluzione proattiva dei problemi, trascendendo il fascino dell'aggressività e della coercizione. Unendo strategie pragmatiche a imperativi etici, le società possono tracciare una rotta verso una tranquillità sostenibile e un benessere collettivo.

Capitolo 31 – Semplicità e chiarezza:

1. Il principio di non-contesa nella leadership:
Nel corso della storia, i leader che hanno abbracciato il principio di non-contesa hanno dimostrato una notevole efficacia nella loro governance. Questo principio è profondamente radicato negli insegnamenti filosofici ed etici, in particolare nelle filosofie orientali come il taoismo e il confucianesimo. Il concetto di leadership attraverso la non-contesa può essere fatto

risalire al Tao Te Ching, dove l'enfasi sulla resa e l'armonizzazione con l'ordine naturale è fondamentale per una leadership efficace. In questa tradizione, i leader che adottano un approccio non-contenzioso sono visti come l'incarnazione di forza e saggezza, in grado di gestire situazioni complesse con grazia e intuito. Ciò è in netto contrasto con i leader che si affidano al predominio e al conflitto, spesso causando discordia e tumulto nei loro domini.

Passando ad esempi concreti, possiamo osservare l'impatto della non-contesa nella leadership attraverso figure come Mahatma Gandhi, che ha utilizzato la resistenza non violenta per condurre l'India all'indipendenza dal dominio britannico. Abbracciando la non-contesa, Gandhi è stato in grado di mobilitare le masse e apportare cambiamenti significativi senza ricorrere all'aggressione o allo scontro. Allo stesso modo, la leadership di Nelson Mandela durante la transizione del Sudafrica dall'apartheid alla democrazia esemplifica il potere della non-contesa nel guidare la trasformazione sociale e politica. La capacità di Mandela di riconciliarsi con gli avversari e promuovere l'unità ha creato un potente precedente per la governance pacifica. Questi esempi sottolineano la rilevanza e l'efficacia durature della non-contesa nella leadership, trascendendo i contesti culturali e storici. Quando i leader danno priorità alla collaborazione, all'empatia e al rispetto reciproco, creano ambienti favorevoli al progresso sostenibile e alla prosperità.

2. Effetti della semplicità sulla governance:

La semplicità è un fattore fondamentale per la governance di successo di qualsiasi entità, che sia una nazione, una società o un individuo. Quando applicata in modo efficace, la semplicità ha il potenziale di semplificare i processi, ridurre al minimo le inefficienze e promuovere la chiarezza di intenti. Nel contesto della governance, gli effetti della semplicità sono di vasta portata e sostanziali. Promuovendo un approccio semplificato alla governance, i leader possono creare un ambiente che incoraggia maggiore trasparenza, responsabilità e inclusività.

Inoltre, la semplicità promuove un sistema più accessibile e comprensibile sia per chi governa che per chi è governato. Eliminare la complessità non necessaria riduce la confusione e l'incertezza, consentendo una comunicazione più efficace tra i leader e la popolazione in generale. Questo livello di chiarezza migliorato può generare fiducia e cooperazione, elementi essenziali per il buon funzionamento di qualsiasi organo di governo.

Inoltre, abbracciare la semplicità nella governance spesso porta a processi decisionali più snelli. Riducendo al minimo la burocrazia e la burocrazia, i leader possono rispondere più rapidamente a questioni urgenti e adattarsi alle circostanze mutevoli con agilità. Inoltre, la semplicità nella governance promuove una cultura di efficienza ed efficacia, consentendo l'ottimizzazione delle risorse disponibili e la coltivazione di pratiche sostenibili. Gli effetti della semplicità sulla governance non sono solo esterni; si estendono anche alle dinamiche interne della leadership. Una governance semplificata può portare a una riduzione dello stress e del burnout tra i leader, poiché facilita una comprensione più chiara delle priorità e degli obiettivi.

Abbracciare la semplicità consente ai leader di concentrarsi sull'essenza dei loro ruoli, evitando distrazioni e complicazioni inutili. Questa maggiore attenzione apre la strada a un processo decisionale più consapevole e strategico, contribuendo all'efficacia e alla stabilità complessive della governance. In definitiva, gli effetti della semplicità sulla governance comprendono vari aspetti, dalla fiducia e partecipazione del pubblico all'allocazione efficiente delle risorse e alla leadership strategica.

3. Applicare la chiarezza per migliorare il processo decisionale:

Per cominciare, la chiarezza nel processo decisionale richiede una profonda comprensione delle circostanze prevalenti e delle potenziali implicazioni di varie scelte. I leader devono possedere un'acuta consapevolezza delle complessità coinvolte e delle potenziali ramificazioni delle loro decisioni. Adottando una prospettiva olistica che comprenda sia gli impatti a breve termine che le conseguenze a lungo termine, i leader possono spianare la strada alla chiarezza nel processo decisionale. Valutando attentamente le informazioni disponibili e prevedendo i potenziali risultati, i leader possono raggiungere uno stato di lucidità che è essenziale per prendere decisioni sensate.

Inoltre, il processo di miglioramento del processo decisionale attraverso la chiarezza implica la promozione di canali di comunicazione aperti e la richiesta di punti di vista diversi. Incoraggiare la collaborazione e lo scambio di idee può portare a una maggiore chiarezza in quanto consente una valutazione più completa dei dati e delle prospettive disponibili. Abbracciare la diversità di pensiero e cercare input da vari stakeholder può far luce su aspetti che potrebbero essere stati trascurati, arricchendo così il processo decisionale. Tuttavia, è fondamentale che i leader bilancino inclusività ed efficienza, assicurando che il processo decisionale rimanga focalizzato e non soccomba all'indecisione.

Inoltre, l'impiego di strumenti e framework che aiutano a organizzare e visualizzare le informazioni può rafforzare notevolmente la chiarezza nel processo decisionale. L'impiego di analisi dei dati, strumenti di visualizzazione e matrici decisionali può aiutare i leader a distillare informazioni complesse in approfondimenti gestibili, consentendo loro di prendere decisioni consapevoli. Inoltre, stabilire criteri e parametri chiari per il processo decisionale può fornire un framework strutturato all'interno del quale la chiarezza può prosperare. Quando i criteri decisionali sono trasparenti e ben definiti, il processo di valutazione delle opzioni diventa più semplice, portando a una maggiore chiarezza nel processo decisionale.

Capitolo 32 - La semplicità taoista e il flusso del Tao:

La semplicità taoista è la pietra angolare delle applicazioni filosofiche e pratiche all'interno del sistema di credenze taoiste. Il concetto di semplicità nel taoismo si estende ben oltre la semplice assenza di complessità; è intrecciato con la natura fondamentale dell'universo. Mentre esploriamo il Tao Te Ching, incontriamo profonde intuizioni sul ritmo armonioso dell'esistenza e sul valore di abbracciare la semplicità. Questo antico testo sottolinea l'importanza di allinearsi con il flusso naturale del Tao, che incarna intrinsecamente la semplicità. Così facendo, gli individui possono coltivare un innato senso di tranquillità ed equilibrio, consentendo loro di navigare nella vita con chiarezza e scopo.

Inoltre, le interpretazioni moderne della Semplicità Taoista riecheggiano la saggezza senza tempo che si trova negli insegnamenti classici. Studiosi e filosofi continuano a spiegare l'intricato legame tra minimalismo, consapevolezza e coltivazione della pace interiore. Questa duratura fondazione filosofica va oltre le pratiche individuali e permea vari aspetti dell'esperienza umana. Decifrare la Semplicità Taoista implica non solo la comprensione della sua rilevanza per la crescita personale e lo sviluppo spirituale, ma anche il riconoscimento della sua applicabilità nel plasmare strutture sociali, quadri etici e tutela ambientale.

Scorrendo come l'acqua, il concetto di semplicità taoista si estende oltre il regno dell'astrazione filosofica e permea ogni aspetto della vita. Il flusso del Tao incarna uno stato di esistenza armoniosa, in cui gli individui si sintonizzano sui ritmi naturali dell'universo, simili all'acqua che naviga senza sforzo nel suo corso. Questa allusione all'acqua funge da potente simbolo, che simboleggia adattabilità, resilienza e il principio di minima resistenza. Quando applicato al comportamento e al pensiero umano, spinge gli individui ad abbracciare spontaneità, flessibilità e un senso di facilità nel navigare le complessità dell'esistenza.

Inoltre, il flusso del Tao sottolinea l'importanza vitale dell'allineamento con le forze cosmiche, facilitando così una progressione senza sforzo lungo il percorso della vita. Comprendere il flusso del Tao implica riconoscere l'interconnessione di tutti i fenomeni e l'impermanenza insita nell'esistenza. Percependo la vita come un continuum in continua evoluzione e abbracciando il flusso e riflusso delle esperienze senza resistenza, gli individui possono coltivare un profondo senso di tranquillità interiore ed equilibrio. L'applicazione del flusso del Tao nella vita quotidiana comprende la coltivazione della consapevolezza, l'adattamento aggraziato al cambiamento e la ricerca della semplicità in mezzo al caos dell'esistenza moderna.

Capitolo 33 - Il significato dell'autoconoscenza e della perseveranza nel taoismo:

1. Autoconoscenza nella filosofia taoista:
La conoscenza di sé ha un profondo significato nella filosofia taoista, intrecciandosi con i principi fondamentali dell'autoconsapevolezza e della comprensione delle proprie capacità e limitazioni. Nel Tao Te Ching, questo concetto è ampiamente esplorato, sottolineando la natura cruciale del riconoscimento e dell'accettazione del proprio vero sé. Attraverso l'introspezione e la contemplazione, gli individui sono spinti ad acquisire intuizioni sui propri meccanismi interiori, aspirazioni e virtù intrinseche. Questa profonda comprensione di sé non è

semplicemente superficiale; scava nel nucleo dell'essere di un individuo, incoraggiandolo ad abbracciare la propria natura autentica e a vivere in armonia con il Tao.

I testi taoisti trasmettono l'idea che la conoscenza di sé sia una componente chiave per raggiungere equilibrio e tranquillità. Comprendendo i propri desideri e motivazioni, gli individui possono coltivare uno stato di pace interiore ed equanimità. Inoltre, la conoscenza di sé consente agli individui di affrontare le sfide della vita con grazia e resilienza, favorendo un senso di appagamento indipendentemente dalle circostanze esterne. La fusione di consapevolezza di sé e comprensione personale culmina in un approccio olistico alla vita, in cui si allineano le proprie azioni all'ordine naturale, ottenendo così serenità e appagamento.

Inoltre, la conoscenza di sé nel Taoismo implica il riconoscimento dell'impermanenza del sé, così come dell'interconnessione di tutte le cose. Questa comprensione trascende le ricerche guidate dall'ego, portando gli individui ad adottare una visione più espansiva di se stessi e del loro posto nell'universo. Abbracciare la natura transitoria dell'esistenza consente agli individui di liberarsi dall'attaccamento al temporale e di abbracciare il flusso eterno del Tao. Attraverso questa realizzazione, gli individui possono liberarsi dei fardelli delle false identità e dei costrutti sociali, scoprendo la loro essenza autentica e sintonizzandosi con la saggezza intrinseca del Tao.

In definitiva, e guidati dagli insegnamenti del Tao, gli individui possono svelare gli strati del loro essere, liberandosi delle illusioni superficiali e abbracciando la semplicità e la chiarezza che nascono dalla genuina autoconsapevolezza. Inoltre, questa profonda comprensione promuove empatia e compassione, poiché gli individui riconoscono l'essenza condivisa dell'umanità e il desiderio universale di unità spirituale.

Pertanto, la conoscenza di sé diventa una pietra angolare della crescita personale e dell'illuminazione, guidando gli individui verso un'esistenza integrata in allineamento con i ritmi armoniosi del Tao.

2. Il ruolo della perseveranza nel raggiungimento della saggezza taoista:

Nella ricerca della saggezza taoista, la perseveranza è vista come una virtù che allinea gli individui al ritmo e al flusso naturali dell'universo. Nel suo nucleo, la perseveranza nel taoismo incarna il concetto di non-azione, enfatizzando la nozione di azione senza sforzo attraverso pazienza, persistenza e adattabilità. Questo impegno inflessibile verso la progressione senza forza o fretta consente agli individui di armonizzarsi con il mondo in continua evoluzione che li circonda, promuovendo una comprensione innata del Tao.

Secondo il Tao Te Ching, l'acqua plasma in modo persistente le sostanze più dure attraverso uno sforzo costante e graduale, illuminando il modo in cui gli individui possono coltivare le proprie virtù interiori attraverso una paziente perseveranza. Emulando i tratti fluidi e cedevoli dell'acqua, gli individui possono affrontare le sfide con grazia e resilienza, consentendo al corso naturale degli eventi di svolgersi senza resistenza.

Inoltre, il ruolo della perseveranza nel raggiungimento della saggezza taoista si estende oltre la crescita individuale per comprendere i più ampi ambiti sociali ed etici. Attraverso una perseveranza incrollabile, gli individui sviluppano una comprensione più profonda dell'altruismo e dell'umiltà, trascendendo i desideri personali e le attività guidate dall'ego. Questo approccio disinteressato enfatizzato negli insegnamenti taoisti promuove armonia ed equilibrio nelle relazioni interpersonali, portando infine a uno stato collettivo di equilibrio e pace in tutta la società.

Il concetto di perseveranza nel Taoismo sottolinea l'importanza di abbracciare il cambiamento mantenendo la fermezza. Come riflesso nel Tao Te Ching, viene evidenziata la nozione di flessibilità e persistenza nelle avversità. Adattandosi al cambiamento e sopportando le inevitabili sfide della vita, gli individui rimangono radicati nelle virtù del Tao, fluendo senza sforzo con le correnti dell'esistenza piuttosto che resistere all'ordine naturale.

Capitolo 34 - La natura onnipresente del Tao:

1. Definizione:
L'onnipresenza si riferisce alla qualità di essere presenti ovunque allo stesso tempo, comprendendo tutte le cose e trascendendo le limitazioni fisiche. Nel contesto del taoismo, questo concetto enfatizza la natura sconfinata e pervasiva del Tao, che è la forza sottostante che governa tutta l'esistenza. Questa nozione è correlata alle visioni filosofiche e religiose dell'universalità, tracciando parallelismi con concetti simili trovati in altre tradizioni spirituali e scuole di pensiero. Si possono discernere risonanze tra l'onnipresenza del Tao e l'interconnessione sposata in varie filosofie religiose. L'idea di onnipresenza si allinea anche con i principi fondamentali delle filosofie orientali e occidentali che enfatizzano l'unità indivisibile di tutte le cose. Inoltre, l'onnipresenza del Tao sottolinea la percezione di una presenza divina che è immanente nel mondo naturale, trascendendo la comprensione umana e comprendendo tutti gli aspetti della realtà.

2. Interpretazioni metaforiche e applicazioni nel mondo reale:
Nel Tao Te Ching, il capitolo 34 ci invita a considerare l'onnipresenza del Tao non semplicemente come un concetto astratto, ma piuttosto come una forza fondamentale che permea tutti gli aspetti dell'esistenza. Attraverso lenti metaforiche, possiamo percepire l'onnipresenza del Tao come affine

all'acqua che scorre, che naviga senza sforzo attorno agli ostacoli, si adatta all'ambiente e nutre tutta la vita che incontra. Questa immagine ci incoraggia ad abbracciare la naturale fluidità e adattabilità che si trovano nell'onnipresente Tao, spingendoci a emulare questi tratti nell'affrontare le complessità delle nostre vite.

Inoltre, l'onnipresenza del Tao è parallela al concetto di centro, suggerendo che nonostante la sua natura pervasiva, il Tao rimane centrato e immutabile, proprio come l'occhio tranquillo di una tempesta in mezzo alla turbolenza. Questa metafora infonde nell'onnipresenza del Tao un senso di costanza e stabilità, fungendo da principio guida per trovare l'equilibrio in mezzo ai tumulti della vita.

Esplorando le applicazioni di queste metafore nel mondo reale, acquisiamo una comprensione più profonda di come l'onnipresente Tao si manifesta nelle nostre esperienze quotidiane. Siamo spinti a riflettere sui modi in cui possiamo incarnare la flessibilità e la resilienza dimostrate dall'acqua, mentre affrontiamo le sfide e ci adattiamo a circostanze in continua evoluzione. Considerare l'onnipresente Tao come una forza centrata ci incoraggia a coltivare l'equilibrio interiore, attingendo alla sua natura incrollabile per trovare pace e serenità in mezzo al tumulto della vita moderna.

3. Implicazioni e intuizioni filosofiche:
Una delle principali implicazioni filosofiche di questo concetto è la realizzazione dell'interconnessione di tutte le cose. L'onnipresenza del Tao illumina il legame intrinseco tra il microcosmo e il macrocosmo, evidenziando l'interdipendenza e la fluidità dell'esistenza. Questa intuizione incoraggia un cambiamento nella percezione, favorendo un profondo apprezzamento per l'unità della vita e la natura integrata dell'universo. Stimola la contemplazione della profonda interazione tra vari

aspetti dell'esistenza e il delicato equilibrio che sostiene il tessuto della realtà.

Inoltre, la natura onnipresente del Tao stimola la riflessione sulla transitorietà intrinseca dei fenomeni. Riconoscendo la presenza pervasiva del Tao in tutte le cose, gli individui sono incoraggiati a riconoscere l'impermanenza del mondo materiale e ad abbracciare il flusso e riflusso della creazione. Questa intuizione offre conforto in tempi di incertezza e invita a una prospettiva più ampia che trascende i vincoli temporali, favorendo un senso di equanimità e accettazione.

D'altro canto, l'onnipresenza del Tao funge da principio guida per una condotta etica e una vita armoniosa. Attraverso la comprensione di questa essenza onnipresente, gli individui sono spinti a coltivare un senso di consapevolezza e riverenza accresciuti per la rete interconnessa della vita. Questa intuizione filosofica sottolinea l'importanza di allineare le proprie azioni al ritmo naturale del Tao, promuovendo una condotta virtuosa, compassione ed empatia verso tutti gli esseri.

L'esplorazione delle implicazioni filosofiche legate alla natura onnipresente del Tao incoraggia la contemplazione della natura della realtà e dei limiti della comprensione umana. Invita gli individui a trascendere i modi convenzionali di pensare e ad abbracciare una prospettiva più olistica che comprenda la natura ineffabile dell'esistenza. Questa profondità filosofica sfida i confini della conoscenza e invita a una profonda indagine sui misteri del cosmo.

Capitolo 35 - Armonia e impatto eterno della Grande Immagine:

Originaria del Tao Te Ching, questa rappresentazione simbolica ha scatenato una miriade di interpretazioni e discussioni accademiche. Quando si esamina il contesto storico, è essenziale approfondire le prime interpretazioni di questo concetto enigmatico. Negli antichi testi taoisti, la "Grande Immagine" simboleggia l'essenza fondamentale dell'esistenza e l'ordine universale. Rappresenta l'interazione armoniosa tra le forze duali di yin e yang, incapsulando l'interconnessione di tutti i fenomeni naturali.

Inoltre, la "Grande Immagine" è spesso associata ai principi senza tempo di equilibrio, bilanciamento e unità cosmica. Le sue rappresentazioni simboliche si estendono oltre il regno tangibile, riflettendo gli aspetti intangibili della vita e il flusso perpetuo dell'universo. In quanto tale, il concetto di "Grande Immagine" è stato parte integrante della definizione dei fondamenti filosofici del Taoismo, sottolineando l'innata connessione tra umanità e natura.

Il Tao, spesso raffigurato come l'ordine naturale o la via dell'universo, funge da fonte ultima di equilibrio e serenità nell'ideologia taoista. Allineandosi al flusso del Tao, gli individui cercano di raggiungere uno stato di armonia dentro di sé e con il mondo esterno. Questa risonanza armoniosa non è semplicemente uno stato passivo, ma piuttosto un impegno attivo con il flusso e riflusso delle energie della vita. L'interazione tra Yin e Yang, spesso simboleggiata nel Taijitu, riflette l'equilibrio dinamico ricercato da coloro che seguono il percorso del Tao. Attraverso pratiche contemplative, come la meditazione e la consapevolezza, gli individui si sforzano di sintonizzarsi con il ritmo pulsante dell'esistenza, promuovendo un profondo senso di pace interiore e tranquillità.

Il concetto di wu wei sottolinea ulteriormente l'importanza di armonizzarsi con l'ordine naturale, consentendo agli eventi di svolgersi organicamente senza forza o resistenza. Questo principio incoraggia gli individui ad abbandonare il loro bisogno di controllo e ad abbracciare invece la fluidità della vita, cedendo alle correnti del cambiamento con grazia e adattabilità.

La risonanza del Tao si estende oltre la tranquillità personale, permeando la rete interconnessa di relazioni e la società in generale. Quando gli individui incarnano i principi armoniosi del Tao, irradiano una presenza serena che può catalizzare un effetto a catena, determinando un maggiore equilibrio nelle loro interazioni con gli altri. Questa energia risonante può aiutare ad attenuare i conflitti e promuovere la comprensione, favorendo un'atmosfera collettiva di pace e cooperazione.

Capitolo 36 - Morbidezza, cedevolezza e controllo nel Tao:

1. La morbidezza nella filosofia taoista:
Il concetto di morbidezza nella filosofia taoista non è semplicemente una caratteristica fisica, ma uno strumento strategico e filosofico che incarna una forza paradossale. Nel taoismo, la morbidezza rappresenta un approccio alternativo per gestire le forze esterne, radicato nella flessibilità, nell'adattabilità e nella resilienza. Questa natura paradossale della morbidezza è sfruttata come mezzo per raggiungere armonia ed equilibrio all'interno dell'ordine naturale del Tao. Invece di affrontare le sfide con rigidità e forza, i seguaci del taoismo sono incoraggiati a incarnare la flessibilità e la morbidezza dell'acqua, che può erodere anche le sostanze più dure attraverso il suo flusso persistente ma delicato. Il Tao Te Ching illustra eloquentemente questo concetto, raffigurando la morbidezza come una forza inarrestabile che supera la resistenza senza sforzo.

2. La dinamica della resa e il suo potere:
Nel capitolo 36, la nozione di "cedimento" è descritta come un attributo chiave del Tao, esemplificando la natura armoniosa dell'esistenza. Cedere non denota debolezza, ma piuttosto rappresenta un approccio strategico radicato nell'astuzia e nel

discernimento. Cedendo, ci si allinea all'ordine naturale e si naviga senza sforzo attraverso le complessità della vita. Questa comprensione dinamica del cedere spinge gli individui ad abbracciare l'adattabilità e il flusso nelle loro azioni, promuovendo resilienza ed equilibrio.

Un principio fondamentale del taoismo, l'arte della resa è paragonata alla flessibilità dell'acqua che, nonostante la sua morbidezza, ha il potere di modellare le montagne e scavare rocce solide nel tempo. Allo stesso modo, gli individui che incarnano lo spirito della resa sfruttano il potenziale trasformativo della gentilezza e dell'umiltà. Invece di affrontare gli ostacoli di petto, li aggirano con tatto, abbracciando il percorso di minor resistenza. Questa pratica della resa consente agli individui di trascendere il conflitto, consentendo loro di conservare la propria energia mentre si armonizzano con il flusso e il riflusso della vita.

Inoltre, le dinamiche del cedere si estendono oltre la condotta individuale per comprendere un paradigma per interazioni armoniose all'interno della società. Promuove un ethos di comprensione e rispetto reciproco, favorendo un ambiente in cui forze contrastanti possono coesistere senza escalation. Quando applicato all'interno della governance o della leadership, il cedere incoraggia i leader a evitare tattiche autoritarie e invece a governare con empatia e inclusività. Riconoscendo la saggezza nel cedere, i leader possono generare soluzioni collaborative e coltivare un'armonia sostenibile all'interno delle loro comunità. Questo approccio trascende il controllo assertivo, sostenendo l'empowerment collettivo e la responsabilità condivisa. Le dinamiche del cedere svelano quindi una potente strada per il progresso sostenibile e il benessere olistico sia a livello personale che sociale.

In sostanza, le dinamiche della resa illuminano la potenza dell'armonia e della fluidità, guidando gli individui verso una condotta virtuosa e facilitando società coese. Abbracciare l'arte della resa coltiva una profonda connessione con il flusso e riflusso del Tao, incapsulando la saggezza della non-contesa e il potere trasformativo della gentile perseveranza.

3. Controllo all'interno del Tao: padronanza attraverso la non-contesa.

Nel regno della filosofia taoista, il concetto di controllo incarna l'arte di raggiungere armonia ed equilibrio attraverso la non-contesa. Il Tao Te Ching sottolinea che il vero controllo nasce da uno stato di allineamento interiore con l'ordine naturale piuttosto che da manipolazione o forza esterna. Ciò riecheggia il principio duraturo di Wu Wei, che sostiene l'azione senza sforzo e l'assenza di resistenza non necessaria. Attraverso una profonda comprensione del Tao, gli individui possono coltivare un profondo senso di controllo rinunciando all'impulso di affermare l'autorità e abbracciando il flusso dell'esistenza.

Nel contesto del Tao, la padronanza non è dimostrata attraverso rigidi vincoli o volontà imposta, ma piuttosto attraverso la finezza della resa e dell'adattabilità. Traendo ispirazione dalla flessibilità dell'acqua, il Tao Te Ching esalta la virtù della flessibilità come segno distintivo del controllo autentico. Proprio come l'acqua naviga senza sforzo attorno agli ostacoli ed è capace sia di tranquilla immobilità che di forza potente, coltivare l'essenza dell'acqua esemplifica il controllo nella sua forma più pura. Applicando i principi di morbidezza e resa, gli individui possono manovrare efficacemente attraverso le complessità della vita senza ricorrere al confronto o all'aggressione. Abbracciare la non-contesa consente di incanalare l'energia trasformativa del Tao, favorendo un ambiente in cui i conflitti si dissipano e prevale l'armonia.

Inoltre, il concetto di controllo all'interno del Tao incoraggia gli individui a trascendere i limiti dell'ego e a rinunciare al bisogno di convalida o riconoscimento. La vera padronanza si ottiene attraverso l'umiltà, l'autoconsapevolezza e la capacità di sincronizzarsi con i ritmi naturali dell'esistenza. Incarnando lo spirito di non-contesa e armonizzandosi con il flusso e riflusso del Tao, gli individui sbloccano il potenziale sconfinato per la crescita e la saggezza.

L'implementazione dei principi di non-contesa nella vita quotidiana invita a una coesistenza armoniosa con gli altri e con l'ambiente. Sottolinea l'interconnessione intrinseca di tutti i fenomeni, enfatizzando l'influenza reciproca tra sé e il mondo esterno. Praticare la non-contesa favorisce la resilienza e l'adattabilità, consentendo agli individui di affrontare sfide impreviste con grazia e compostezza. Liberandosi dall'attaccamento a risultati fissi e arrendendosi all'intelligenza intrinseca del Tao, gli individui coltivano una capacità sconfinata di innovazione e risoluzione creativa dei problemi.

Nell'ambito del Taoismo, padroneggiare la non-contesa funge da catalizzatore trasformativo per la leadership. I leader che incarnano l'essenza del controllo attraverso la non-contesa ispirano fiducia, facilitano la collaborazione e generano una sinergia collettiva. La loro influenza non deriva dall'autorità coercitiva, ma dall'esempio convincente di allineamento armonioso con l'ordine naturale. Questo approccio alimenta una cultura organizzativa definita dal rispetto reciproco, dalla creatività e dalla resilienza adattiva.

In definitiva, il controllo attraverso la non-conflittualità catalizza un profondo cambiamento di paradigma nella coscienza individuale e nelle dinamiche sociali, spingendo l'umanità verso un progresso sostenibile e un benessere olistico.

Capitolo 37 - Quiete e non-azione come governo:

Il concetto di non-azione, o Wu Wei, è profondamente radicato nella tradizione filosofica del taoismo. Le sue origini possono essere fatte risalire ad antichi testi taoisti, in particolare all'opera fondamentale del Tao Te Ching. In questo testo, la nozione di Wu Wei è intricatamente intrecciata nel tessuto della filosofia taoista, offrendo intuizioni profonde sui modi della natura e sui principi di una vita armoniosa. I fondamenti teorici della non-azione sono radicati nella convinzione fondamentale taoista che l'ordine naturale funzioni senza sforzo e spontaneamente senza la necessità di un intervento umano deliberato. Questo principio deriva dalla comprensione che un'eccessiva interferenza umana interrompe il flusso naturale dell'esistenza, portando a disarmonia e squilibrio. Pertanto, abbracciare la non-azione comporta l'allineamento di se stessi con il ritmo innato dell'universo e il consentire agli eventi di svolgersi organicamente, senza imporre costrutti artificiali o un controllo forzato.

D'altra parte, il concetto di non-azione enfatizza la coltivazione della quiete interiore e della ricettività, consentendo agli individui di sintonizzarsi con le sottili correnti della vita. Rinunciando all'impulso di imporre la propria volontà alle circostanze esterne, i praticanti della non-azione cercano di armonizzarsi con il flusso e riflusso dell'ordine cosmico. In sostanza, i fondamenti teorici di Wu Wei sottolineano il principio universale dell'azione senza sforzo, sostenendo uno stato di tranquilla spontaneità e influenza discreta. Questo principio fondamentale riflette la saggezza senza tempo trovata nella filosofia taoista e continua a risuonare come principio guida per coloro che cercano armonia ed equilibrio sia nella condotta personale che nel governo.

La leadership intrisa di quiete, come postulato dal Tao Te Ching, trae il suo contesto storico e filosofico dalle antiche tradizioni di governo e saggezza cinesi. Il concetto di quiete è profondamente radicato nella filosofia taoista che ha avuto una profonda influenza sugli approcci tradizionali cinesi alla leadership e al governo. La quiete nella leadership sostiene un approccio armonioso, sottile e discreto alla guida e al governo, enfatizzando i ritmi e i flussi naturali dell'esistenza piuttosto che l'interferenza palese o l'imposizione forzata. Dagli imperatori storici ai dirigenti aziendali contemporanei, questo principio ha risuonato in diverse sfere di influenza. Si basa sulla convinzione che un intervento e un controllo eccessivi possano interrompere l'equilibrio organico e l'armonia di individui e sistemi.

Capitolo XIV
ANALISI DEL "TE CHING" – CAPITOLI DAL 38 AL 81

Capitoli dal 38 al 40 - Contrasti tra virtù, azione ed essenza della reversione:

1. La dicotomia tra virtù e finzione:
Nella filosofia taoista, la dicotomia di virtù e finzione simboleggia un principio fondamentale che permea vari aspetti dell'esistenza umana. La virtù naturale, insita in ogni individuo, è percepita come una qualità innata che si allinea con il flusso del Tao. Questa virtù naturale sorge senza sforzo, rappresentando autenticità e armonia con l'ordine naturale. Al contrario, i comportamenti appresi, spesso influenzati da norme e aspettative sociali, possono portare a finzione o condotta artificiale che si discosta dalla vera natura di una persona. La distinzione tra questi due concetti ha profonde implicazioni nel pensiero taoista, sottolineando l'importanza di allinearsi con la virtù naturale per raggiungere la pace interiore e l'equilibrio. Inoltre, gli insegnamenti taoisti promuovono la coltivazione della virtù naturale attraverso la semplicità, l'umiltà e il vivere in accordo con i ritmi della natura, promuovendo un senso di genuinità e integrità nelle proprie azioni. Riconoscendo la dicotomia tra virtù e finzione, gli individui sono incoraggiati a fare introspezione e a discernere le proprie motivazioni, sforzandosi così di abbracciare le proprie virtù innate e trascendendo i costrutti artificiali imposti dalla società.

2. La dinamica dell'azione e della non-azione:
Contrariamente alla sua traduzione letterale, la non-azione non implica passività o pigrizia, ma piuttosto un allineamento armonioso con il flusso spontaneo dell'universo. Ciò si allinea con la convinzione che un'eccessiva interferenza o un'azione forzata interrompa l'equilibrio intrinseco e porti alla

disarmonia. Per i seguaci del taoismo, l'arte della non-azione implica l'agire in accordo con il Tao, abbracciando la spontaneità e mantenendo uno stato mentale tranquillo, consentendo agli eventi di svolgersi naturalmente. Sottolinea il potere dell'influenza sottile e della resa, consentendo agli individui di raggiungere i propri obiettivi senza un controllo rigido o una forza non necessaria. Inoltre, la non-azione incoraggia gli individui a coltivare l'introspezione e la consapevolezza, favorendo una comprensione più profonda dell'interconnessione tra tutti i fenomeni.

D'altro canto, il concetto di azione nel pensiero taoista comprende la nozione di sforzo intenzionale e condotta virtuosa. Sebbene apparentemente contraddittorio rispetto alla non-azione, incarna l'idea di azione intuitiva e senza sforzo che nasce da uno stato di armonia interiore. Questa forma di azione è priva di desideri egoistici e attaccamento ai risultati, dando invece priorità al benessere degli altri e al più grande ordine cosmico. All'interno di questa dualità, gli insegnamenti taoisti illuminano la natura complementare di azione e non-azione, sostenendo un approccio equilibrato che integra entrambi i principi. La sintesi di questi concetti illustra l'armonia dinamica raggiunta attraverso l'applicazione consapevole di un'azione appropriata e della non-interferenza quando necessario.

3. La reversione come principio taoista fondamentale:
La reversione, come esposto nel Tao Te Ching, racchiude il concetto di ritorno alla propria natura originale e di accettazione della spontaneità piuttosto che dell'artificio. Questo principio si fonda sul corso naturale dell'esistenza, in cui il flusso e riflusso della vita sono onorati e la saggezza intrinseca di cedere all'ordine naturale è celebrata. La reversione trasmette l'idea di allineamento con il Tao, la forza o via universale, e di astenersi da indebite interferenze o manipolazioni. Sottolinea il vivere in accordo con i ritmi e gli schemi

fondamentali dell'universo, consentendo agli eventi di svolgersi organicamente senza resistenza. Attraverso la reversione, gli individui sono incoraggiati a lasciar andare gli sforzi eccessivi e invece a coltivare uno stato di ricettività e reattività. In effetti, sottolinea il significato di armonia, equilibrio e sintonia con la natura.

Inoltre, la reversione offre una profonda intuizione sulla natura ciclica dell'esistenza, evidenziando l'inevitabilità del cambiamento e il flusso continuo della vita. Abbracciando la reversione, si riconosce l'impermanenza di tutte le cose e si impara a fluire con la corrente piuttosto che contro di essa. Questa mentalità promuove la resilienza, l'adattabilità e l'accettazione delle incertezze intrinseche della vita. Inoltre, la reversione incoraggia gli individui a liberarsi di strati artificiali di complessità e a tornare a un modo di essere più semplice e autentico. Ciò comporta il rilascio degli attaccamenti ai desideri guidati dall'ego e ai costrutti sociali, e invece la riscoperta della purezza e della semplicità innate dentro di sé.

Il principio di reversione sottolinea anche il potere trasformativo del lasciar andare e liberarsi dagli attaccamenti, consentendo una connessione più profonda con l'essenza dell'esistenza. Lasciando andare le nozioni preconcette e abbracciando la verità nuda e cruda, gli individui possono sperimentare una profonda liberazione e un senso di chiarezza accresciuto. In definitiva, la reversione ci invita a rinunciare al bisogno di controllo e ad arrenderci invece al mistero della vita in continuo dispiegamento, riconoscendo che la vera saggezza nasce dall'umile resa piuttosto che dall'affermazione forzata.

Capitolo 41 - I significati profondi della semplicità e della resa:

La semplicità, vista attraverso la lente della filosofia taoista, ha profondi fondamenti filosofici che enfatizzano l'armonia con la natura, la resa e il non-sforzo. Nel Tao Te Ching, Laozi sottolinea il valore della semplicità sostenendo un modo di vivere semplice, in sintonia con il flusso naturale dell'esistenza. Il concetto incoraggia gli individui ad abbracciare uno stile di vita minimalista, non appesantito da beni materiali o desideri non necessari, e a coltivare una tranquillità interiore radicata nella contentezza. Questo approccio filosofico alla semplicità cerca di allineare il comportamento umano con la semplicità intrinseca che si trova nella natura, promuovendo equilibrio ed equilibrio.

Al contrario, le filosofie occidentali sul minimalismo spesso derivano da un focus su praticità, efficienza e utilità. Mentre l'enfasi può essere sulla riduzione dell'eccesso e l'eliminazione del disordine, può mancare delle dimensioni spirituali o metafisiche inerenti alle visioni taoiste della semplicità. Il minimalismo occidentale comunemente ruota attorno al decluttering degli spazi fisici, alla semplificazione dei processi e all'ottimizzazione della funzionalità. È prevalentemente interessato alle manifestazioni esterne della semplicità, come l'organizzazione e la frugalità. Tuttavia, la profondità filosofica e le implicazioni spirituali della semplicità, come esposte nel pensiero taoista, la distinguono dal minimalismo occidentale, che tende a dare priorità agli aspetti materiali rispetto all'armonia innata e all'interconnessione.

Esaminando i fondamenti filosofici della semplicità in queste diverse tradizioni, diventa evidente che l'approccio taoista enfatizza un'integrazione del sé con la natura, invocando un senso di completezza e unità. Ciò è in contrasto con l'attenzione primaria del minimalismo occidentale sulla praticità e l'efficienza. L'esplorazione filosofica della semplicità fa luce sulle diverse prospettive culturali e filosofiche che modellano la nostra comprensione di questo concetto fondamentale, rivelando le profonde complessità inerenti alla sua interpretazione e applicazione.

D'altro canto, la nozione di cedere deriva da una profonda riverenza per l'ordine naturale e dalla consapevolezza che la resistenza spesso porta a discordia e disarmonia. Un'applicazione pratica della cedevolezza è evidente nelle relazioni interpersonali. Questo approccio implica l'ascolto attivo, l'empatia e la rinuncia alla necessità di affermare sempre le proprie opinioni. La cedevolezza consente di riconoscere la validità di prospettive diverse e consente di coltivare connessioni significative.

Inoltre, abbracciare lo spirito di cedimento migliora le qualità di leadership. I leader efficaci comprendono l'arte di cedere alle diverse opinioni e di adattare le strategie per adattarsi alle circostanze in evoluzione. Questa flessibilità promuove un ambiente di inclusività e innovazione, generando così un morale e una produttività di squadra più elevati.

Nel regno dello sviluppo personale, cedere incoraggia l'accettazione dei flussi e riflussi della vita. Invece di affrontare ostinatamente le sfide, cedere suggerisce un approccio più adattabile. Sposa il discernimento nel discernere quando persistere e quando cedere, sostenendo la conservazione di energia e risorse. Quando ci si trova di fronte alle avversità, cedere invita gli individui a navigare le sfide con resilienza e grazia piuttosto che con una resistenza forzata. Quindi, integrare il principio di cedere nella nostra vita quotidiana ci dà il potere di navigare le complessità con equanimità e saggezza, arricchendo le nostre esperienze e relazioni.

Capitolo 42 - Molteplicità dall'Uno e le sue implicazioni:

Il concetto taoista di "Uno" propone la convinzione che tutte le cose abbiano origine da un'unica fonte, che racchiude l'unità e l'interconnessione dell'universo. Questa nozione si allinea con le antiche ideologie filosofiche, evidenziando l'unità sottostante in mezzo all'apparente molteplicità dell'esistenza.

Il concetto risuona con l'essenza di diverse filosofie antiche, tra cui l'Indu Advaita Vedanta, dove la realtà ultima è percepita come una coscienza singolare e indivisibile che si manifesta in diverse forme. Allo stesso modo, nel discorso filosofico moderno, il concetto di "Uno" trova risonanza in varie prospettive ontologiche, come il panteismo e il panenteismo, che enfatizzano l'immanenza e l'unità di tutta l'esistenza all'interno di un tutto trascendente. Queste implicazioni filosofiche sottolineano la rilevanza duratura e l'universalità della prospettiva taoista su "Uno" e il suo ruolo nella genesi della molteplicità.

La nozione dell'Uno che dà origine alla molteplicità racchiude l'essenza fondamentale del pensiero taoista e le sue implicazioni si riverberano in vari ambiti filosofici, spirituali e pratici. Nel suo nucleo, questo concetto sfida il pensiero dualistico convenzionale postulando un'unità che sta alla base di ogni apparente diversità. Invita alla contemplazione dell'interconnessione di tutti i fenomeni e della natura ultima della realtà. Inoltre, incoraggia una rivalutazione dei confini che imponiamo alla nostra comprensione e percezione del mondo che ci circonda, spingendo a un cambiamento verso una prospettiva olistica.

Da un punto di vista metafisico, il concetto solleva questioni fondamentali sulla natura dell'esistenza, la relazione tra il materiale e l'immateriale e l'interazione tra forma e informe. Invita a considerare l'indivisibilità del cosmo e l'interdipendenza di tutte le cose. Inoltre, le implicazioni filosofiche si estendono alle dimensioni etiche e morali, invitando all'esplorazione delle implicazioni per il comportamento umano e l'armonia sociale.

Riconoscendo l'unità intrinseca sottostante alla diversità, gli individui sono spinti ad abbracciare empatia, compassione e interconnessione. Ciò spinge a riconsiderare le prospettive egocentriche prevalenti, favorendo una coesistenza più armoniosa. Le implicazioni si estendono anche al regno dell'epistemologia, sfidando paradigmi radicati di acquisizione della conoscenza e ricerca della verità.

Il riconoscimento dell'unità fondamentale sfida le rigide concezioni della dualità soggetto-oggetto e richiede una modalità di conoscenza più fluida ed esperienziale. In sostanza, esplorare le implicazioni filosofiche del concetto di molteplicità dall'Uno apre percorsi a intuizioni e prospettive trasformative che hanno implicazioni di vasta portata per la comprensione umana, l'interazione e la ricerca della saggezza.

Capitolo 43 - Insegnamenti sulla natura della resistenza, della non azione e dell'influenza:

1. I fondamenti filosofici della resistenza:
A differenza dell'enfasi occidentale sul confronto forzato e sul superamento degli ostacoli, il taoismo sostiene un allineamento armonioso con il flusso naturale dell'esistenza. Il Tao Te Ching insegna che la resistenza spesso porta a conflitti e disarmonie inutili, poiché implica il tentativo di imporre la propria volontà al mondo, piuttosto che consentire agli eventi di svolgersi naturalmente. Ciò contrasta nettamente con l'approccio occidentale, che tende a valorizzare l'assertività e l'esercizio del controllo sulle circostanze esterne. Nel contesto del pensiero taoista, la nozione di resistenza è intimamente connessa al principio di Wu Wei, o non azione. Invece di opporsi attivamente o combattere contro le forze, gli individui sono incoraggiati ad abbracciare uno stato di non interferenza e azione senza sforzo, allineandosi al ritmo spontaneo del Tao. Questo approccio paradossalmente consente un'influenza più efficace e una trasformazione sottile evitando il confronto diretto.

Inoltre, i fondamenti filosofici della resistenza nel taoismo implicano anche una profonda comprensione dell'interazione tra yin e yang, le dualità complementari che permeano l'universo. Questo concetto illustra come resistere a un aspetto dell'esistenza dia inevitabilmente origine al suo opposto, portando a un ciclo perpetuo di conflitto e squilibrio. Riconoscendo e abbracciando la natura interdipendente delle forze opposte, i praticanti del taoismo cercano di coltivare un senso di pace interiore ed equilibrio, trascendendo la necessità di una rigida resistenza. Questa profonda saggezza sfida i paradigmi convenzionali e invita gli individui a rivalutare i loro atteggiamenti verso le avversità, incoraggiandoli a trovare equilibrio e tranquillità in mezzo alle inevitabili sfide della vita.

2. Il principio di Wu Wei (non azione) e la sua influenza:

Wu Wei non denota un'inattività letterale, ma piuttosto sottolinea il vivere in armonia con il flusso naturale degli eventi e il raggiungimento dei propri obiettivi senza interferenze forzate. Esorta gli individui ad astenersi dall'imporre la propria volontà al mondo e ad allineare invece le proprie azioni alla spontaneità della natura. Nel contesto del Tao Te Ching, Wu Wei è raffigurato come un aspetto essenziale del vivere in modo autentico e in accordo con il Tao.

Al centro del concetto di Wu Wei c'è l'idea che sforzi eccessivi e manipolazione palese generalmente portano a conseguenze indesiderate e discordia interna. Attraverso la pratica della non-azione, gli individui possono attingere alla saggezza innata dell'universo e affrontare situazioni con maggiore ricettività e discernimento. Invece di affidarsi esclusivamente allo sforzo cosciente, Wu Wei incoraggia un approccio sottile e intuitivo al processo decisionale, consentendo l'emergere di soluzioni che sorgono naturalmente dall'interazione delle circostanze. Questo orientamento verso il non-sforzo e la non-interferenza consente agli individui di coltivare un profondo senso di pace interiore e di sintonia con i ritmi dell'esistenza.

Inoltre, Wu Wei si estende oltre la condotta individuale e comprende le dinamiche delle relazioni interpersonali e della governance. Propone che i leader governino con una guida gentile e un intervento minimo, promuovendo un ambiente in cui le persone possano prosperare organicamente. Astenendosi dal controllo coercitivo e abbracciando la capacità intrinseca delle cose di svolgersi armoniosamente, i leader possono creare condizioni favorevoli al benessere collettivo e alla stabilità sociale. In questo modo, il principio di Wu Wei impartisce un approccio olistico alla leadership che trascende l'autoritarismo e promuove strutture sostenibili ed eque all'interno delle comunità.

Inoltre, Wu Wei ha rilevanza nei contesti contemporanei, offrendo spunti preziosi per orientarsi nelle complessità della vita moderna. In una società caratterizzata da un'incessante attività e da una competitività pervasiva, abbracciare il concetto di non azione può fungere da potente antidoto allo stress e al burnout. Rinunciando alla compulsione di esercitare un controllo implacabile su ogni aspetto della vita, gli individui possono sperimentare un maggiore senso di facilità e autenticità. Wu Wei fornisce un quadro per gli individui per sincronizzarsi con il flusso e riflusso dell'esistenza e coltivare uno stato di serena efficacia, consentendo loro di portare a termine i compiti con maggiore efficienza e grazia.

3. Interconnessione e impatto delle azioni sottili:
Il concetto di interconnessione sottolinea l'idea che tutto nell'universo è intricatamente connesso e che ogni azione, non importa quanto sottile, può avere un impatto profondo. Quando consideriamo il principio di non-azione nel contesto dell'interconnessione, diventa evidente che persino la decisione di astenersi dall'intraprendere un'azione palese può inviare onde attraverso la rete interconnessa dell'esistenza.

In questa rete interconnessa, ogni essere e ogni fenomeno influenza ed è influenzato da tutti gli altri. L'effetto farfalla, reso popolare dalla teoria del caos, illustra questa interconnessione suggerendo che il battito delle ali di una farfalla in una parte del mondo potrebbe potenzialmente innescare una reazione a catena che porta a un tornado in un'altra parte. Allo stesso modo, il Tao ci insegna a essere consapevoli delle nostre azioni, riconoscendo che anche gli atti più piccoli possono avere conseguenze di vasta portata.

Per comprendere l'impatto delle azioni sottili è necessario un profondo apprezzamento per l'intricato tessuto dell'esistenza. Nella nostra vita quotidiana, potremmo tendere a concentrarci su grandi gesti e sforzi palesi, trascurando la profonda influenza di ciò che è apparentemente insignificante. Tuttavia, il Tao ci invita a sintonizzarci con le sottigliezze dell'esistenza, riconoscendo i profondi effetti anche delle nostre azioni più piccole.

Il concetto di interconnessione ci sfida a considerare le implicazioni delle nostre scelte e dei nostri comportamenti. Riconoscendo che tutto è interconnesso, siamo incoraggiati ad agire con consapevolezza e compassione, sapendo che le nostre azioni contribuiscono all'armonia o alla discordia del tutto più ampio. Questa consapevolezza richiede un maggiore senso di responsabilità e la comprensione che ogni pensiero, parola e azione ha un peso nel vasto arazzo intrecciato dell'esistenza.

Capitolo 44 - Riflessioni su soddisfazione, ambizione e successo:

1. Soddisfazione nel contesto taoista:
Nella filosofia taoista, la soddisfazione si addentra nel regno della contentezza interiore e dell'armonia. Il taoismo enfatizza la coltivazione di uno stato interiore di pace e tranquillità, che

è indipendente dalle circostanze o dai beni esterni. La vera soddisfazione si trova nel proprio essere piuttosto che nell'accumulo di ricchezza o status. Comporta l'allineamento di sé con il flusso naturale dell'universo, abbracciando la semplicità e trovando gioia nel momento presente.

Centrale al concetto taoista di soddisfazione è l'idea di Wu Wei, o non-azione. Questo principio insegna che rinunciando all'attaccamento ai desideri e ai risultati, gli individui possono raggiungere uno stato di profonda realizzazione. La soddisfazione nasce dal vivere in armonia con la natura e seguire il percorso di minor resistenza. Comporta l'abbandono dell'incessante sforzo per ottenere di più e l'abbandono allo svolgimento organico della vita.

Inoltre, il Daoismo sostiene l'equilibrio tra le energie yin e yang come aspetto fondamentale per raggiungere la soddisfazione. L'interazione armoniosa di queste forze opposte porta a un senso di completezza e appagamento. Coltivando una profonda comprensione dell'interconnessione di tutte le cose, il Daoismo presenta la soddisfazione come uno stato di unità con il cosmo, in cui i desideri individuali non sono più la forza trainante.

La prospettiva taoista sulla soddisfazione invita gli individui ad abbracciare l'accettazione del cambiamento e dell'impermanenza. Invece di cercare stabilità e permanenza in circostanze esterne, la vera soddisfazione nasce dal riconoscimento della natura transitoria dell'esistenza e dal trovare pace in questo flusso. Incoraggia uno spostamento di attenzione dalla ricerca di piaceri fugaci alla ricerca di una tranquillità spirituale duratura.

2. Il ruolo dell'ambizione nella crescita personale e spirituale:

L'ambizione, spesso associata al perseguimento di obiettivi esterni e al successo materiale, occupa una posizione sfumata all'interno della struttura della filosofia taoista. Mentre il taoismo enfatizza la coltivazione delle virtù interiori e l'armonia con l'ordine naturale, l'ambizione può essere vista come un catalizzatore per la crescita personale e spirituale quando affrontata con consapevolezza ed equilibrio. Nel contesto degli insegnamenti di Laozi, l'ambizione non è condannata a priori, ma piuttosto esaminata attraverso una lente che cerca di allinearla con la ricerca della realizzazione interiore e dello sviluppo morale.

Nella ricerca della crescita personale e spirituale, l'ambizione può fungere da forza trainante per l'auto-miglioramento e l'attualizzazione del proprio potenziale. Quando incanalata verso obiettivi virtuosi come l'auto-coltivazione, la compassione e la saggezza, l'ambizione può spingere gli individui verso stati di coscienza più elevati e una vita etica. Definendo obiettivi ambiziosi ma moralmente fondati, gli individui sono incoraggiati a sfruttare la propria ambizione per impegnarsi per l'auto-trasformazione e la realizzazione della propria vera natura, in conformità con i principi taoisti di autenticità e armonia.

Tuttavia, la filosofia taoista mette anche in guardia contro la ricerca incontrollata di ambizioni guidate esclusivamente dall'ego e dall'interesse personale, che spesso portano a tumulti interiori e disconnessione spirituale. Un attaccamento eccessivo al riconoscimento esterno, alla ricchezza o al potere può distorcere il senso di identità e perpetuare la sofferenza, contraddicendo l'enfasi taoista sulla semplicità, l'umiltà e il non attaccamento. Pertanto, navigare nel terreno dell'ambizione richiede un atto di bilanciamento consapevole, in cui le aspirazioni sono allineate con i principi di armonia interiore ed evoluzione spirituale.

Il concetto di wu wei getta luce sulla natura discernente dell'ambizione all'interno del quadro taoista. Invece di sostenere uno sforzo incessante e un perseguimento aggressivo degli obiettivi, il taoismo propone un percorso di azione non contenziosa e sforzo armonioso. Richiede agli individui di coltivare un atteggiamento di discernimento, consentendo alle ambizioni di svilupparsi organicamente e in linea con il flusso della vita. Questo approccio incoraggia gli individui a rimanere in sintonia con i ritmi della natura e ad abbracciare pazienza e fiducia nei loro viaggi personali, portando a un'espressione più sostenibile e appagante dell'ambizione.

3. Conciliare il successo con i principi taoisti:
Nel contesto del Tao Te Ching e degli insegnamenti di Laozi, il concetto di successo è visto attraverso una lente di armonia, equilibrio e virtù. Mentre le definizioni convenzionali di successo spesso enfatizzano la ricchezza materiale, il potere e il conseguimento, i principi taoisti incoraggiano una comprensione più profonda che trascende questi indicatori esterni. Il vero successo, secondo la filosofia taoista, risiede nell'allinearsi al flusso naturale del Tao e coltivare virtù interiori come compassione, umiltà e contentezza. Si tratta di trovare appagamento nella semplicità e abbracciare il flusso e riflusso della vita senza sforzarsi di ottenere controllo o dominio. Riconciliare il successo con i principi taoisti implica un cambiamento di prospettiva dalla convalida esterna alla pace e all'armonia interiori. Non si tratta di abbandonare le attività mondane, ma piuttosto di ridefinirle all'interno del quadro dell'equilibrio spirituale e della condotta etica. Il successo, agli occhi del Dao, non si misura solo in base ai risultati esteriori, ma dalla coltivazione del carattere morale, della saggezza e di una connessione incrollabile con l'unità fondamentale dell'universo. Inoltre, l'approccio taoista al successo sottolinea l'interconnessione di tutte le cose, ricordando agli individui di considerare l'impatto più ampio delle loro azioni sul mondo che li circonda.

Capitolo 45 - I paradossi della perfezione e dell'imperfezione:

1. Definizione di perfezione e imperfezione:
Nel Taoismo, la perfezione non è vista come un punto di arrivo o uno stato impeccabile da raggiungere, ma piuttosto come un'interazione dinamica di forze complementari. Il Tao Te Ching enfatizza l'armonia trovata nell'interdipendenza delle polarità, come l'equilibrio dinamico tra yin e yang. Ciò è in contrasto con gli ideali occidentali di perfezione che spesso sottolineano uno standard statico o irraggiungibile. Le imperfezioni non sono percepite come difetti indesiderati da correggere o sradicare, ma come aspetti intrinseci dell'ordine naturale. Il Taoismo insegna che le imperfezioni sono parti integranti dell'arazzo olistico dell'esistenza, contribuendo alla ricchezza e alla profondità della vita. Ciò contrasta nettamente con la prospettiva occidentale, dove le imperfezioni sono spesso viste come carenze da migliorare o superare.

Inoltre, il concetto taoista di wu wei suggerisce che la ricerca della perfezione può portare a inutili tensioni e discordie. Invece, sostiene l'allineamento di sé con il flusso naturale delle cose, lasciando spazio all'imperfezione senza giudizio o resistenza. Nel pensiero occidentale, c'è spesso un'enfasi sul raggiungimento della perfezione attraverso lo sforzo e il controllo, che potenzialmente porta ad ansia e insoddisfazione. Abbracciando l'imperfezione come un aspetto essenziale dell'esistenza, la filosofia taoista incoraggia gli individui a trovare tranquillità e accettazione in mezzo al flusso e riflusso intrinseco della vita. Inoltre, la nozione taoista dell'interconnessione di tutti i fenomeni sottolinea l'idea che ciò che può apparire imperfetto in isolamento contribuisce alla più ampia armonia cosmica. Questo approccio olistico contrasta nettamente con le prospettive individualistiche occidentali, che tendono a dare priorità alla perfezione personale rispetto alla coerenza collettiva.

2. Esempi paradossali e i loro insegnamenti:

Al centro degli insegnamenti taoisti c'è l'interconnessione di forze apparentemente opposte. Attraverso l'esame dei paradossi, ci confrontiamo con la dualità insita in tutti gli aspetti della vita. Ad esempio, il concetto di wu wei, azione attraverso la non-azione, presenta un paradosso intrigante che incoraggia la contemplazione. L'idea che non sforzandosi si possa raggiungere una maggiore armonia con l'ordine naturale sembra controintuitiva, ma risuona profondamente nella comprensione taoista di equilibrio e spontaneità.

Approfondendo ulteriormente, incontriamo il paradosso della forza nel cedere, che chiarisce il potere trasformativo della flessibilità e dell'adattabilità. Questo principio sfida le percezioni prevalenti di successo e dominio, sollecitando una riconsiderazione della vera efficacia e resilienza. Gli enigmatici versi del Tao Te Ching sull'argomento offrono intuizioni profonde sulla coesistenza armoniosa di ideali contrastanti, un tema universale con una rilevanza senza tempo.

Mentre gli individui affrontano le complessità all'interno di ambienti professionali, relazioni personali o aspettative sociali, l'approccio taoista illumina i percorsi verso l'equilibrio. Abbracciando i paradossi della perfezione e dell'imperfezione, coltiviamo una maggiore consapevolezza della fluidità intrinseca e della ciclicità presenti in tutte le iniziative, promuovendo una prospettiva arricchita che trascende le categorizzazioni binarie.

L'impegno con i paradossi invita all'introspezione e all'epifania, consentendoci di armonizzare elementi conflittuali e trascendere prospettive limitanti. È all'interno di queste complesse giustapposizioni che la bellezza della filosofia taoista viene alla luce, offrendo una ricchezza di saggezza che risuona attraverso culture ed epoche.

Capitolo 46 - *Elementi essenziali su desideri, appagamento e pace:*

1. La natura del desiderio:
I desideri umani sono profondamente radicati nella psiche complessa e nei modelli comportamentali degli individui. Derivano da una vasta gamma di bisogni umani, che vanno dagli istinti di sopravvivenza di base alle aspirazioni più raffinate di autorealizzazione e riconoscimento sociale. Esaminare le radici dei desideri umani rivela le loro intricate connessioni con pensieri, emozioni e azioni.

I desideri spesso hanno origine da impulsi biologici fondamentali come la fame, la sete e l'istinto di procreare. Questi desideri primordiali spingono gli esseri umani a cercare sostentamento, sicurezza e compagnia, formando il fondamento del comportamento umano e del processo decisionale. Inoltre, i desideri possono anche emergere da influenze sociali e culturali, plasmando preferenze, valori e ambizioni individuali.

L'impatto dei desideri sui pensieri è profondo, influenzando i processi cognitivi, la percezione e il processo decisionale. I desideri umani spesso alimentano un ciclo continuo di ricerca, acquisizione e brama, che modella in modo significativo esperienze ed stati emotivi. La ricerca dei desideri può innescare sentimenti di anticipazione, eccitazione, soddisfazione o delusione, portando a fluttuazioni emotive che hanno un impatto sul benessere generale.

Inoltre, i desideri svolgono un ruolo fondamentale nel dirigere le azioni e i comportamenti umani. Gli individui spesso si sforzano di raggiungere i propri desideri attraverso vari mezzi, avviando attività mirate e guidando sforzi persistenti verso il raggiungimento dei propri obiettivi. Di conseguenza, l'influenza dei desideri si estende alla formazione di atteggiamenti personali, relazioni e dinamiche sociali.

2. Principi e pratiche per la pace interiore:

La contentezza è uno stato dell'essere che trascende le circostanze esterne, radicato nell'accettazione della propria esperienza presente senza desiderare qualcosa di diverso. Nella ricerca della contentezza, gli individui sono incoraggiati a esplorare i principi e le pratiche fondamentali che sostengono questo profondo stato di pace interiore. Coltivare la contentezza richiede una profonda comprensione di sé, la capacità di trovare gioia nella semplicità e la saggezza per affrontare le inevitabili sfide della vita.

I principi per coltivare la contentezza iniziano con il riconoscimento dell'impermanenza di tutte le cose. Riconoscendo la natura transitoria della vita, gli individui possono liberarsi dall'attaccamento ai beni materiali, alle aspettative e ai desideri, favorendo un senso di distacco che li libera dal ciclo infinito della brama. Inoltre, abbracciare la gratitudine per ciò che si possiede già favorisce un atteggiamento di abbondanza, spostando l'attenzione dalla scarsità alla sufficienza. Questa pratica incoraggia la consapevolezza e l'apprezzamento per i semplici piaceri della vita, portando infine a una contentezza duratura.

In sostanza, coltivare la contentezza richiede introspezione e consapevolezza di sé. Comprendere i propri valori, passioni e paure consente agli individui di allineare i propri obiettivi con il proprio sé autentico, riducendo la discordia tra aspirazioni interne e pressioni esterne. Inoltre, coltivare la contentezza implica la scelta deliberata di dare priorità a esperienze e relazioni che nutrono benessere e felicità, promuovendo un senso di appagamento e significato nella vita di tutti i giorni.

Le pratiche per coltivare la contentezza comprendono varie discipline volte a promuovere la tranquillità e l'armonia interiore. La meditazione di consapevolezza, ad esempio, offre un percorso per coltivare la consapevolezza del momento presente, consentendo agli individui di staccarsi da schemi di pensiero improduttivi e di connettersi con la propria essenza interiore. Allo stesso modo, praticare la compassione verso se stessi e gli altri coltiva la resilienza emotiva e l'empatia, favorendo un ambiente favorevole alla contentezza. Impegnarsi in atti di gentilezza e servizio fornisce anche un profondo senso di scopo e interconnessione, illuminando la gioia intrinseca derivante dal contribuire positivamente al mondo.

3. Strategie per una vita equilibrata:
Nella ricerca di una vita equilibrata, è essenziale armonizzare i nostri desideri con la pace interiore. Ciò implica l'allineamento delle nostre aspirazioni e brame con un senso di appagamento e tranquillità, che alla fine porta a un'esistenza armoniosa. Per raggiungere questa armonia, gli individui devono prima riconoscere e comprendere i propri desideri. Coltivando l'autoconsapevolezza e l'introspezione, si può ottenere una comprensione delle cause profonde e delle motivazioni alla base dei propri desideri. Comprendere la natura dei desideri consente agli individui di avvicinarsi ai propri obiettivi e desideri con una prospettiva consapevole, promuovendo un senso di equilibrio e moderazione.

Inoltre, abbracciare la gratitudine e l'apprezzamento per ciò che si possiede già può mitigare l'incessante ricerca di desideri insoddisfatti, favorendo la contentezza. Coltivare la gratitudine alimenta una prospettiva positiva, rafforzando la pace interiore e diminuendo l'incessante desiderio di convalida esterna.

D'altro canto, praticare tecniche di consapevolezza e meditazione è un potente strumento per armonizzare i desideri con la pace interiore. Attraverso la consapevolezza, gli individui possono osservare i propri desideri senza esserne consumati, prevenendo così la discordia interiore. Questa maggiore consapevolezza consente un processo decisionale intenzionale, consentendo agli individui di discernere tra bisogni autentici e desideri fugaci, sforzandosi così di raggiungere un approccio più equilibrato alla vita.

Abbracciare la semplicità e il minimalismo può contrastare gli effetti dannosi dei desideri eccessivi, promuovendo uno stato di equilibrio e pace interiore. Liberando la propria vita, sia fisicamente che psicologicamente, gli individui possono creare spazio per la serenità e la realizzazione, trascendendo la morsa caotica dei desideri insaziabili. Incorporare momenti di quiete e solitudine in mezzo al trambusto della vita moderna offre un'opportunità di introspezione, consentendo agli individui di riallineare i propri desideri con i propri valori e aspirazioni fondamentali.

Capitolo 47 - Prospettive sulla conoscenza senza viaggio:

Il paradigma dell'acquisizione di saggezza a livello locale porta l'attenzione sulla nozione che una conoscenza e una comprensione profonde possono essere raggiunte senza la necessità di spostamenti geografici. Sottolinea l'importanza dell'auto-riflessione e delle intuizioni locali spesso trascurate che ci circondano. Questo approccio incoraggia gli individui ad approfondire i loro immediati dintorni, cercando la saggezza nelle loro comunità e nelle esperienze personali piuttosto che sentirsi costretti a viaggiare alla ricerca dell'illuminazione.

Concentrandosi sul concetto di saggezza locale, gli individui possono acquisire una profonda comprensione dell'interconnessione del loro ambiente e della società. Coltivare la consapevolezza del valore presente nei propri immediati dintorni consente l'emergere di una forma di saggezza più radicata e autentica. Attraverso l'osservazione e la contemplazione consapevoli, gli individui possono scoprire verità senza tempo e intuizioni profonde nascoste in bella vista all'interno della loro comunità locale.

Inoltre, il paradigma di acquisizione della saggezza a livello locale promuove un senso di radicamento e di connessione con la propria cultura e il proprio retaggio. Abbracciando gli insegnamenti e la saggezza incorporati nelle tradizioni, nei costumi e nelle narrazioni locali, gli individui arricchiscono la loro comprensione del mondo e del loro posto al suo interno. Questo approccio serve a ricordare che la conoscenza significativa non si trova solo in terre lontane o grandi avventure, ma può prosperare nel tessuto della vita quotidiana.

In un mondo globalizzato in cui il fascino di destinazioni esotiche lontane spesso oscura la ricchezza dei propri immediati dintorni, il paradigma dell'acquisizione di saggezza a livello locale offre una prospettiva rinfrescante. Sostiene l'idea che le intuizioni e le comprensioni più profonde possono essere scoperte immergendosi nelle sfumature della vita locale, alimentando un profondo apprezzamento per la saggezza che permea ciò che è familiare.

Capitolo 48 - Diminuzione e aumento attraverso la non-azione:

1. La non-azione nella filosofia taoista:
Il concetto fondamentale taoista di "wu wei" è spesso tradotto come "non azione" o "azione senza sforzo", ma il suo vero significato va oltre la mera passività o inattività. Nel suo nucleo, wu wei rappresenta uno stato dell'essere in armonia con il flusso naturale dell'esistenza, dove ci si allinea con gli schemi spontanei e senza sforzo del Tao, il principio fondamentale dell'universo. Questa concettualizzazione della non

azione non sostiene la pigrizia o l'indifferenza; piuttosto, enfatizza una modalità di azione caratterizzata da minima interferenza e resistenza, consentendo agli eventi di svolgersi organicamente senza forza o sforzo artificioso.

In sostanza, wu wei racchiude la nozione di "andare con il flusso", adattandosi alle circostanze con fluidità e grazia. Per comprendere l'essenza di wu wei, è fondamentale approfondire le sue origini storiche nel pensiero taoista. Il concetto trova le sue radici negli antichi testi filosofici cinesi, in particolare nel Tao Te Ching attribuito a Laozi. Gli insegnamenti di Laozi espongono la virtù di cedere e allinearsi al ritmo del Tao per raggiungere ordine e armonia naturali.

Inoltre, lo Zhuangzi, un altro influente testo taoista, approfondisce l'idea di "wei wu wei" o "azione senza azione", sottolineando la natura spontanea e non forzata dell'azione autentica. Da un punto di vista filosofico, wu wei riflette la comprensione taoista dell'interconnessione e dell'interdipendenza di tutti i fenomeni nel cosmo. Invece di costringere gli eventi a conformarsi ai desideri personali, il saggio taoista cerca di sintonizzarsi con il flusso e il riflusso del Tao, riconoscendo e rispettando l'equilibrio e il dinamismo intrinseci presenti nel mondo naturale. Questa prospettiva promuove un ethos di umiltà, semplicità e ricettività, trascendendo gli impulsi guidati dall'ego che spesso portano alla discordia e alla sofferenza.

Comprendere le dimensioni multiformi del wu wei consente agli individui di coltivare una mentalità di osservazione silenziosa, discernimento e azione spontanea, favorendo un senso di pace interiore ed efficacia esterna. Le applicazioni pratiche del wu wei permeano vari aspetti dell'esistenza umana, tra cui condotta etica, relazioni interpersonali e governance. In effetti, nel corso della storia, il wu wei ha influenzato diversi ambiti, che vanno dalle arti marziali e dalla calligrafia alla leadership e alla sostenibilità ecologica.

2. Il paradosso della diminuzione e dell'aumento:

Nella filosofia taoista, il concetto di diminuzione e aumento attraverso la non-azione presenta un profondo paradosso che sta al centro della comprensione del flusso naturale dell'esistenza e dell'interconnessione di tutte le cose. Secondo Laozi, il fondatore del taoismo, la vera saggezza sta nel realizzare che abbracciando la non-azione, si può raggiungere uno stato di armonia con l'universo, che porta a una comprensione innata di diminuzione e aumento. La natura paradossale di questo concetto è radicata nell'idea che cedendo e astenendosi da azioni forzate, si possono effettivamente ottenere risultati più profondi e duraturi che esercitando forza o controllo. La saggezza di Laozi incoraggia gli individui a contemplare la natura del cambiamento e a comprendere che la resistenza spesso porta a tumulti e conflitti interiori, mentre l'accettazione e la non-azione portano a pace e abbondanza.

Il paradosso di diminuzione e aumento si estende anche al regno dei beni materiali e della ricchezza. Nella società odierna, la ricerca del guadagno materiale e dell'accumulo spesso oscura le virtù della semplicità e della contentezza. Tuttavia, Laozi insegna che lasciando andare il desiderio costante di avere di più e abbracciando invece uno stile di vita di moderazione e non attaccamento, si può sperimentare un autentico senso di aumento. Questo aumento non si misura solo in beni materiali, ma comprende un profondo senso di appagamento, tranquillità e ricchezza spirituale.

Inoltre, il paradosso di diminuzione e aumento sfida le nostre percezioni di sforzo e ricompensa. In un mondo dominato dall'etica dell'impegno e del conseguimento incessanti, il concetto di non-azione sostiene un approccio diverso. Ci spinge a esplorare l'impatto sottile ma potente dell'azione senza sforzo, dove spontaneità e flusso sostituiscono la rigida pianificazione e l'esecuzione forzata. Attraverso questa lente, iniziamo a riconoscere che rinunciando alla necessità di controllare ogni aspetto della nostra vita, possiamo aprirci a opportunità inaspettate e ricompense inattese. Questo paradosso ci invita a considerare la possibilità che facendo di meno, potremmo effettivamente ottenere di più.

Capitolo 49 - Visioni del mondo, purezza e fede:

1. Visioni del mondo divergenti e ricerca dell'armonia:
La diversità delle prospettive culturali in tutto il mondo è profondamente radicata nei contesti storici, sociali e geografici da cui emergono, plasmando le filosofie e le credenze di individui e comunità. L'interazione tra diverse prospettive culturali spesso illumina i valori, le norme e le ideologie unici che definiscono ogni società. Ad esempio, la natura collettivista delle culture orientali contrasta nettamente con l'individualismo prevalente nelle società occidentali, portando ad approcci distinti verso strutture sociali, quadri etici e relazioni interpersonali. Anche all'interno di una singola cultura, disparità regionali e sottoculture possono dare origine a punti di vista e interpretazioni sfumati, arricchendo ulteriormente l'arazzo del pensiero e della fede umana. L'influenza di queste diverse visioni del mondo si estende oltre la contemplazione individuale per permeare istituzioni sociali, sistemi di governance e interazioni globali, influenzando profondamente il corso della storia umana e degli affari contemporanei. In mezzo a questo ricco arazzo di prospettive culturali, la ricerca dell'armonia diventa fondamentale, fungendo da aspirazione unificante che trascende i confini e promuove la comprensione reciproca. Lo sforzo di orientarsi e conciliare visioni del mondo divergenti richiede empatia, apertura mentale e dialogo interculturale, facilitando l'apprezzamento di paradigmi alternativi e la scoperta di un terreno comune.

2. L'essenza della purezza nel pensiero e nell'azione:

La purezza, sia nei pensieri che nelle azioni, trascende la mera pulizia fisica e si estende nei regni della spiritualità, della moralità e dell'intento. Nel profondo, la purezza nei pensieri comprende la coltivazione di una mente tranquilla e ordinata. Ciò comporta liberarsi dai fardelli del desiderio eccessivo, degli attaccamenti inutili e delle emozioni discordanti. Una mente pura, secondo i precetti taoisti, favorisce chiarezza e semplicità, consentendo un allineamento armonioso con l'ordine naturale dell'universo. Comporta l'abbraccio di uno stato di vuoto mentale, incontaminato dal rumore e dalle distrazioni della vita quotidiana, consentendo così una connessione più profonda con la saggezza senza tempo che sostiene il Tao.

Allo stesso modo, la purezza nelle azioni riguarda la pratica di azioni virtuose che sostengono i principi di gentilezza, compassione e autenticità. In sostanza, la condotta etica radicata nell'altruismo e nella benevolenza diventa l'incarnazione della purezza nelle azioni. Questa purificazione morale implica condurre una vita allineata con il Tao, in cui le proprie azioni riflettono una comprensione innata dell'interconnessione di tutti gli esseri e fenomeni. Attraverso tale condotta intenzionale, gli individui cercano di armonizzare le proprie azioni con il ritmo spontaneo della natura, contribuendo così all'equilibrio e all'ordine universale.

Inoltre, la ricerca della purezza nel pensiero e nelle azioni richiede il riconoscimento e l'eliminazione degli impedimenti che ostacolano una vita virtuosa. Questi ostacoli possono manifestarsi sotto forma di ignoranza, desideri guidati dall'ego o lusinghe del materialismo. Riconoscendo e smantellando queste barriere, i praticanti del Tao aspirano a purificare l'essenza del loro essere, promuovendo un ambiente interno favorevole alla crescita spirituale e all'illuminazione.

Il concetto di purezza si intreccia con le virtù dell'onestà, dell'integrità e della sincerità. Si estende oltre le manifestazioni esterne della rettitudine e si addentra nella trasparenza di motivazioni e intenzioni. Secondo gli insegnamenti taoisti, la vera purezza risiede nella natura incontaminata del proprio cuore e nell'espressione autentica dei propri valori più intimi. Questo incrollabile impegno verso l'integrità morale consente agli individui di navigare nelle complessità dell'esistenza con grazia e dignità, emanando un profondo senso di armonia e tranquillità.

3. La fede come pietra angolare:
In sostanza, la fede nel Taoismo non riguarda una credenza cieca, ma piuttosto una profonda fiducia nel flusso naturale dell'universo e nell'interconnessione di tutte le cose. Questa fede infonde un senso di armonia, equilibrio e accettazione, guidando gli individui ad allinearsi con il Tao. Nel Tao Te Ching, Laozi sottolinea l'importanza di avere fede nelle forze invisibili che governano l'esistenza, esortando i praticanti a lasciar andare il controllo eccessivo e ad arrendersi invece al flusso e riflusso della vita.

Inoltre, la fede nella filosofia taoista si estende oltre le mere connotazioni religiose, trascendendo dogmi e pratiche rituali. Comprende una profonda convinzione nella saggezza intrinseca della natura e nella bontà intrinseca dell'umanità. Questa fede ispira gli individui a coltivare comportamenti virtuosi, empatia e compassione verso gli altri, portando a una coesistenza armoniosa all'interno del mondo naturale.

La fede nel Taoismo funge da fonte di forza interiore e resilienza, offrendo conforto nei momenti difficili e promuovendo un profondo senso di interconnessione con l'universo. Man mano che i praticanti approfondiscono la loro comprensione dei principi taoisti attraverso lo studio e la contemplazione, la loro fede si evolve in una salda fiducia nel potere trasformativo del Tao. Questa incrollabile fede nell'ordine innato del cosmo e nel potenziale intrinseco per la crescita personale consente agli individui di navigare nelle complessità della vita con grazia ed equanimità. La coltivazione della fede nella filosofia taoista implica l'accettazione dell'incertezza e la rinuncia all'attaccamento a risultati predeterminati, consentendo lo svolgimento organico degli eventi pur mantenendo una profonda fiducia nella benevolenza sottostante del Tao.

Capitolo 50 - Discorsi sulla vita e sulla morte e il loro significato:

1. Esplorazione della vita e della morte nella filosofia taoista:
Nella filosofia taoista, la vita è vista come una manifestazione del Dao, il principio e la forza sottostante che governa l'universo. Il concetto di Dao enfatizza l'interconnessione di tutte le cose e il flusso costante dell'esistenza. La vita, quindi, è vista come un'espressione di questo continuo movimento e cambiamento, con ogni individuo che è parte del processo di sviluppo del Dao. Da una prospettiva taoista, la vita non è percepita come uno stato finito o isolato, ma piuttosto come una fase transitoria all'interno del contesto più ampio dell'ordine universale. Come tale, si ritiene che ogni entità vivente porti in sé l'essenza del Dao e che lo scopo della vita sia allinearsi con questa realtà fondamentale, abbracciando i ritmi e le armonie naturali dell'esistenza.

Inoltre, il taoismo sostiene che la morte rappresenta un ritorno all'origine del Dao. È considerata una transizione naturale e inevitabile, in cui l'individuo ritorna alla fonte fondamentale da cui emerge tutta la vita. Questa comprensione ciclica della vita e della morte riflette la credenza taoista nella natura ciclica dell'esistenza, in cui nascita e morte sono considerate parti integranti del processo cosmico. L'enfasi sull'interconnessione tra esistenza e non esistenza sottolinea l'approccio taoista alla vita e alla morte come componenti complementari dell'eterno Dao. Questa prospettiva incoraggia gli individui a percepire la morte non come un punto finale, ma come una continuazione del flusso universale, in cui l'energia e l'essenza dell'individuo si fondono ancora una volta con le forze primordiali dell'universo.

La visione taoista della vita e della morte invita a riflettere sulla natura transitoria dell'esistenza umana e sull'impermanenza delle forme fisiche. Riconoscendo l'impermanenza della vita e l'inevitabilità della morte, gli individui sono incoraggiati a coltivare un profondo apprezzamento per il momento presente e un senso di distacco dalle illusioni di permanenza. Questa intuizione favorisce una comprensione più profonda dell'interconnessione di tutti gli esseri viventi e del flusso incessante del Dao, guidando gli individui ad abbracciare la bellezza transitoria della vita, riconoscendo al contempo la continuità duratura dell'ordine universale.

2. Interconnessione tra esistenza e non esistenza:
Nel contesto della filosofia taoista, l'interconnessione tra esistenza e non esistenza costituisce una base profonda per comprendere la natura della realtà. Il Tao Te Ching enfatizza il concetto di Wuji, lo stato di vuoto senza forma che precede l'esistenza, e come alla fine dia origine al Taiji, l'interazione dinamica di yin e yang che rappresentano esistenza e non esistenza. Questa interazione suggerisce che esistenza e non esistenza non sono forze opposte ma piuttosto aspetti complementari della stessa unità sottostante. Analizzare questa interconnessione consente di approfondire l'essenza della vita e della morte, trascendendo le prospettive dualistiche convenzionali. La visione taoista incoraggia gli individui a contemplare la natura transitoria dell'esistenza e a riconoscere la relazione integrale tra essere e non essere. Riconoscendo l'inseparabile legame tra esistenza e non esistenza, si ottiene una comprensione più profonda della natura impermanente e ciclica di tutti i fenomeni. Inoltre, questa analisi porta a profonde realizzazioni circa l'interconnessione tra vita e morte,

evidenziando il flusso continuo e l'equilibrio armonioso all'interno dell'ordine cosmico. Favorisce un apprezzamento per il flusso in continua evoluzione dell'esistenza e invita alla contemplazione dell'unità primordiale che sta alla base dell'apparente dualità di vita e morte.

3. Implicazioni pratiche e riflessioni sulla mortalità:
All'interno del Tao Te Ching, il discorso sulla mortalità si addentra in profonde riflessioni che offrono preziose intuizioni per gli individui che cercano di abbracciare la natura transitoria della vita. Il riconoscimento della mortalità fornisce una lente attraverso la quale gli individui possono coltivare un apprezzamento più profondo per l'esistenza, promuovendo al contempo un senso di umiltà e riverenza per l'interconnessione di tutte le cose.

Mentre ci confrontiamo con la certezza del nostro eventuale trapasso, gli insegnamenti taoisti incoraggiano la coltivazione di un approccio equilibrato e armonioso verso la vita. Ciò comporta l'accettazione della natura ciclica dell'esistenza, in cui il riconoscimento della transitorietà funge da catalizzatore per vivere in modo autentico e in accordo con la propria vera natura. Abbracciare la mortalità spinge a riflettere sulla brevità della vita e sull'impermanenza di tutti i fenomeni. Spinge gli individui ad abbandonare gli attaccamenti alle attività mondane, liberandosi così dal peso di desideri e ansie indebiti.

Inoltre, la contemplazione della mortalità favorisce un'acuta consapevolezza del momento presente, spingendo gli individui ad assaporare la ricchezza di ogni esperienza e a coltivare connessioni significative con gli altri. Inoltre, l'inevitabilità della morte ci spinge a valutare le eredità che desideriamo lasciare alle spalle, accendendo un senso di scopo e responsabilità nel dare forma alle nostre azioni e ai nostri contributi al mondo. Attraverso queste riflessioni, gli individui possono raggiungere un profondo senso di liberazione dalla paura e dall'apprensione, coltivando uno stato mentale tranquillo che trascende i vincoli temporali della mortalità.

Inoltre, l'integrazione della mortalità come principio fondante all'interno del pensiero taoista sottolinea l'interconnessione tra vita e morte, dissipando i confini imposti dalle percezioni dualistiche. Questa comprensione olistica invita gli individui ad abbracciare la mortalità non come un punto finale ma come una parte intrinseca di un ciclo continuo, alimentando così un profondo rispetto per i ritmi naturali dell'esistenza.

Capitolo 51 - L'essenza nutriente del Tao:

Le proprietà fondamentali del Tao si addentrano nell'essenza e nella natura di questa antica filosofia. Nel suo nucleo, il Tao incarna i principi immutabili che governano l'universo e tutta l'esistenza. È una forza immutabile che trascende la comprensione umana, ma porta con sé profonde implicazioni su come percepiamo il mondo che ci circonda. La natura immutabile del Tao è un tema centrale, che evidenzia la sua costanza nel flusso in continua evoluzione della vita.

Il concetto di Tao trascende la comprensione umana e riflette un equilibrio intrinseco che permea il mondo naturale. Osservando i fenomeni naturali, si può percepire la manifestazione del Tao in ogni aspetto dell'esistenza. Dalla complessità di un fiore che sboccia al sereno fluire di un fiume, il mondo naturale esemplifica i principi fondamentali di armonia ed equilibrio insiti nel Tao.

Gli intricati ecosistemi che si trovano in natura incarnano l'interconnessione e l'interdipendenza che sono centrali nella filosofia taoista. Ogni specie, dal predatore più potente al più piccolo microrganismo, svolge un ruolo fondamentale nel mantenere il delicato equilibrio dei rispettivi habitat. Questa interconnessione rispecchia l'interconnessione di tutte le cose all'interno del Tao, sottolineando l'importanza dell'unità e del rispetto per la diversità della vita.

Inoltre, i modelli ciclici osservati in natura, come il cambio delle stagioni e le fasi lunari, riecheggiano la natura ciclica del Tao. Questi modelli ricorrenti simboleggiano il flusso e riflusso perpetuo dell'esistenza, ricordandoci la natura in continuo cambiamento della vita. Immergendosi nella contemplazione di questi cicli naturali, si possono ottenere profonde intuizioni sulla fluidità e l'adattabilità sostenute dal Taoismo.

La spontaneità intrinseca osservata nei processi naturali illustra ulteriormente l'essenza del Wu Wei, o azione senza sforzo, che si allinea con il principio di non interferenza con l'ordine naturale. Il modo in cui un seme germina senza sforzo e cresce in un albero maestoso senza forza o resistenza riflette il concetto di spontaneità senza sforzo promosso dal Tao. Attraverso l'osservazione silenziosa e la contemplazione della saggezza innata della natura, si possono acquisire preziose lezioni nell'abbracciare il flusso naturale della vita.

Inoltre, l'inflessibile resilienza esibita da varie forme di vita di fronte alle avversità incarna la forza duratura enfatizzata negli insegnamenti taoisti. Che si tratti della crescita tenace della vegetazione in ambienti difficili o della determinazione incrollabile della fauna selvatica nella lotta per la sopravvivenza, il mondo naturale esemplifica lo spirito duraturo che risuona con i principi fondamentali del taoismo.

Capitolo 52 - Il mistero del Tao:

Il mistero del Tao è profondamente radicato nella sua natura ineffabile. Nell'esplorare il concetto di Tao, studiosi e filosofi si sono confrontati con l'idea che esso trascenda i limiti del linguaggio e del pensiero razionale. Il Tao Te Ching esprime la natura sfuggente del Tao, sottolineando che coloro che ne parlano non lo comprendono veramente, mentre coloro che affermano di comprenderlo non possono esprimerlo. Questa natura paradossale evidenzia la sfida intrinseca nel definire o chiarire qualcosa che esiste oltre i limiti della comprensione umana.

Inoltre, la nozione di Wu Wei offre una visione dell'ineffabilità del Tao. Wu Wei incoraggia gli individui ad allinearsi con il flusso naturale dell'universo senza imporre la propria volontà, riconoscendo così la forza inesplicabile del Tao. La natura paradossale di Wu Wei sottolinea la sfida di articolare l'essenza del Tao, poiché evoca il concetto di azione attraverso l'inazione, presentando un profondo enigma filosofico.

Inoltre, il concetto di P'u, o blocco non scolpito, funge da metafora per lo stato di esistenza puro e non adulterato, non toccato dall'influenza umana. P'u racchiude l'ineffabile semplicità e naturalezza del Tao, sfidando gli individui a contemplare la difficoltà intrinseca di definire o descrivere un concetto così intangibile.

Inoltre, il concetto filosofico di Yin e Yang, che rappresentano forze opposte ma complementari, rafforza l'essenza misteriosa del Tao. L'interazione tra Yin e Yang simboleggia l'intricato equilibrio e l'armonia all'interno del Tao, trascendendo la comprensione ordinaria e sfuggendo alla descrizione definitiva.

Per approfondire la propria percezione del Tao, gli individui possono impegnarsi in varie pratiche e contemplazioni filosofiche. In primo luogo, lo studio dei testi taoisti. Inoltre, la meditazione riflessiva e gli esercizi di consapevolezza svolgono un ruolo cruciale nell'approfondire la propria comprensione del Tao. Calmando la mente e sintonizzandosi sul momento presente, gli individui possono sperimentare l'influenza sottile ma pervasiva del Tao. Inoltre, immergersi nella natura può servire come un potente mezzo per approfondire la percezione del Tao. Sia attraverso passeggiate solitarie nella natura selvaggia o osservazione contemplativa di fenomeni naturali, connettersi con la bellezza selvaggia del mondo naturale consente agli individui di assistere alle manifestazioni non artificiose del Tao. Inoltre, la pratica della semplicità e del non attaccamento può contribuire a una percezione più chiara del Tao. Liberando i desideri e rinunciando alle attività guidate dall'ego, gli individui possono ottenere chiarezza e discernimento, consentendo così alla natura intrinseca del Tao di rivelarsi più pienamente. Infine, compiere atti di compassione, gentilezza e altruismo non solo allinea gli individui ai principi del Tao, ma favorisce anche una più profonda empatia e comprensione dell'interconnessione di tutti gli esseri.

Capitolo 53 - Il sentiero della cautela:

1. Strategie per un progresso prudente:
Nel perseguimento del successo, è fondamentale valutare attentamente le circostanze prima di agire. Un processo decisionale efficace si basa su un'analisi e un'interpretazione approfondite degli elementi ambientali e situazionali. Per iniziare, bisogna considerare il contesto più ampio in cui vengono prese le decisioni. Ciò implica la comprensione dell'interazione di vari fattori, come le condizioni di mercato, il panorama competitivo e le influenze normative. Valutando il terreno in questo modo, individui e organizzazioni possono ottenere preziose informazioni sulle opportunità e sulle sfide che li attendono. Altrettanto importante è l'esame delle dinamiche interne. Valutare la capacità delle risorse, i punti di forza e di debolezza dei team e l'allineamento degli obiettivi con le capacità consente un processo decisionale informato e calcolato. Inoltre, l'identificazione di potenziali rischi e incertezze non può essere trascurata. Anticipare e comprendere queste variabili consente ai decisori di sviluppare piani di emergenza e adattare le strategie di conseguenza. È fondamentale

riconoscere che un progresso prudente richiede un processo iterativo di analisi, interpretazione e perfezionamento. Questa valutazione continua garantisce che le decisioni rispondano alle circostanze in evoluzione e supportino un progresso duraturo.

2. Audacia e discrezione nel processo decisionale:
Nel navigare l'intricato percorso della vita, il processo decisionale è un'abilità critica che necessita di un delicato equilibrio tra audacia e discrezione. L'audacia incarna il coraggio di correre rischi calcolati e avventurarsi in territori inesplorati, mentre la discrezione simboleggia la saggezza di valutare le potenziali conseguenze ed esercitare prudenza nell'azione. Quando si trovano di fronte a decisioni cruciali, gli individui si trovano di fronte alla sfida di armonizzare queste qualità apparentemente opposte per ottenere risultati favorevoli.

L'essenza di questo equilibrio risiede nella capacità di discernere quando agire con audacia e quando esercitare moderazione. Abbracciare l'audacia implica la volontà di cogliere le opportunità, innovare ed esplorare nuovi orizzonti. È radicata nella fiducia, nella visione e in uno spirito incrollabile che spinge gli individui verso le loro aspirazioni. Tuttavia, la ricerca impulsiva dell'audacia senza riguardo per le potenziali ramificazioni può portare a insidie impreviste e conseguenze negative. È qui che la discrezione emerge come bussola guida, esortando gli individui a valutare attentamente i rischi e le implicazioni delle loro azioni prima di fare il salto.

Un processo decisionale efficace richiede la coltivazione di un giudizio acuto, lungimiranza strategica e una comprensione completa delle circostanze prevalenti. Richiede una valutazione astuta delle risorse disponibili, delle dinamiche di mercato e del panorama competitivo per delineare i confini entro i quali possono prosperare iniziative audaci. Accanto a questo, l'applicazione perspicace della discrezione funge da salvaguardia contro l'impulsività sconsiderata, consentendo agli individui di affrontare le sfide con prudenza e circospezione.

In particolare, i leader storici e contemporanei esemplificano l'arte di bilanciare audacia e discrezione nel processo decisionale. Visionari come Steve Jobs hanno dimostrato audacia nel concettualizzare innovazioni rivoluzionarie, esercitando al contempo discernimento nel navigare le complessità del settore tecnologico. Nel regno della diplomazia, leader come Nelson Mandela hanno mostrato una notevole audacia nel sostenere la trasformazione della società, sostenuta da un approccio giudizioso alla riconciliazione di divisioni profondamente radicate.

Capitolo 54 - Costruire una fondazione duratura nel Tao:

Nel tentativo di incarnare il Tao, bisogna coltivare una persistenza e una resilienza incrollabili. Ciò richiede una profonda comprensione dei principi fondamentali del Tao e la dedizione a integrarli nella vita quotidiana. Costruire una base duratura nel Tao non è privo di sfide, e queste sfide richiedono persistenza e resilienza. Un metodo per coltivare persistenza e resilienza è attraverso la pratica della consapevolezza. Essendo pienamente presenti in ogni momento e abbracciando l'impermanenza di tutte le cose, gli individui possono sviluppare un senso di adattabilità e forza d'animo. Ciò consente loro di navigare attraverso le prove della vita con ferma determinazione.

Inoltre, la pratica dell'auto-riflessione funge da potente strumento per coltivare la resilienza. Attraverso l'introspezione, gli individui possono acquisire intuizioni sui propri punti di forza e di debolezza, consentendo loro di identificare aree di crescita e miglioramento. Questo processo promuove una mentalità resiliente che prospera di fronte alle avversità. Un altro metodo efficace è la coltivazione della pazienza. Il Tao insegna che tutte le cose si svolgono a loro tempo e, allineandosi a questo ritmo naturale, gli individui possono sviluppare la forza di persistere di fronte alle sfide. La pazienza alimenta la resilienza necessaria per resistere alle tempeste della vita.

D'altro canto, lo studio del Tao sottolinea l'interconnessione di tutte le cose. Riconoscendo questa interconnessione, gli individui possono trarre forza dalle loro relazioni e dalla comunità, migliorando ulteriormente la loro resilienza. Impegnarsi in sforzi collaborativi e ottenere supporto dagli altri coltiva un senso di persistenza collettiva.

La pratica della gratitudine funge da potente catalizzatore per la resilienza. Riconoscendo e apprezzando l'abbondanza nella propria vita, gli individui coltivano una mentalità di resilienza che può resistere anche alle circostanze più difficili. Abbracciare il flusso e riflusso della vita con un cuore grato dà agli individui il potere di perseverare attraverso le avversità.

In definitiva, coltivare perseveranza e resilienza nel contesto del Tao richiede un approccio olistico che comprenda consapevolezza, autoriflessione, pazienza, interconnessione e gratitudine. Integrando questi metodi nelle pratiche quotidiane, gli individui possono gettare solide basi per incarnare i principi del Tao e navigare le complessità dell'esistenza con incrollabile perseveranza.

Capitolo 55 - Caratteristiche di Colui che incarna il Tao:

1. L'essenza del Tao nella condotta personale:
L'essenza del Tao nella condotta personale si riflette nei valori e nelle virtù profonde che guidano il comportamento e i processi decisionali di una persona. Al centro dei principi taoisti c'è la nozione di vivere in armonia con l'ordine naturale, abbracciando la semplicità e coltivando un profondo senso di

umiltà e compassione. Questo allineamento armonioso con il Tao si manifesta attraverso le azioni, la comunicazione e le interazioni di un individuo con gli altri.

Vivere in accordo con il Tao implica coltivare uno spirito di altruismo, onestà e integrità, favorendo così un ambiente di fiducia e rispetto reciproco. Nell'incarnare l'essenza del Tao nella condotta personale, gli individui sono incoraggiati a mantenere elevati standard etici, dando priorità al benessere degli altri e al bene superiore rispetto al guadagno personale. Questa enfasi sul comportamento virtuoso e sull'integrità morale costituisce la pietra angolare della filosofia taoista, guidando gli individui ad agire in accordo con il flusso naturale dell'universo.

L'espressione del Tao nella condotta personale comprende anche la pratica della consapevolezza e dell'autoconsapevolezza, incoraggiando gli individui ad approfondire la loro introspezione e a coltivare un'acuta consapevolezza dei loro pensieri, intenzioni ed emozioni. Integrando queste qualità nella loro vita quotidiana, gli individui iniziano a incarnare l'essenza del Tao nella loro condotta personale a un livello fondamentale.

I principi di moderazione, pazienza e adattabilità sottolineano l'importanza di navigare le complessità della vita con compostezza ed equanimità. Questi principi di condotta personale non solo promuovono la tranquillità interiore e l'autocontrollo, ma contribuiscono anche alla coesistenza armoniosa degli individui all'interno delle loro comunità. Abbracciare l'essenza del Tao nella condotta personale è un processo continuo di raffinamento e auto-coltivazione, che richiede agli individui di navigare le complessità delle interazioni umane con grazia, saggezza ed empatia.

2. Armonia con la natura e pace interiore:

Nella ricerca dell'incarnazione del Tao, raggiungere l'armonia con la natura e coltivare la pace interiore sono fondamentali. I principi del Tao sottolineano l'interconnessione tra tutti gli esseri e il mondo naturale. Questa interconnessione chiama gli individui a sintonizzarsi con i ritmi della natura, favorendo una profonda comprensione dei modelli ciclici e delle forze che governano l'esistenza. Allineando le proprie azioni e intenzioni con l'ordine naturale, gli individui possono coltivare un senso di armonia che si estende dall'interno al mondo che li circonda.

La ricerca della pace interiore è strettamente legata alla pratica dell'armonizzazione con la natura. Attraverso l'introspezione e l'autoconsapevolezza, si può iniziare a svelare le complessità dell'esperienza umana e raggiungere uno stato di tranquillità. Abbracciare la semplicità e l'accettazione sostenute dal Tao consente agli individui di abbandonare attaccamenti e desideri che disturbano l'equilibrio della mente. Abbracciando il flusso della vita con un cuore aperto e una mente lucida, si può trovare serenità e pace in mezzo alle tumultuose correnti dell'esistenza.

Inoltre, il raggiungimento della pace interiore consente agli individui di affrontare le sfide della vita quotidiana con equanimità e grazia. Quando sono radicati in uno stato di armonia interiore, gli individui sono meglio equipaggiati per trascendere le distrazioni e i disturbi che sorgono nelle loro interazioni con il mondo. Invece di essere spazzati via da influenze esterne, coloro che incarnano il Tao possono mantenere una compostezza salda, traendo forza dalla loro profonda connessione con la natura e dal loro sereno paesaggio interiore.

La ricerca dell'armonia con la natura e della pace interiore non è solo un impegno personale; comprende anche la tutela dell'ambiente e la promozione della pace all'interno del tessuto sociale più ampio. Promuovendo un apprezzamento per la sacralità del mondo naturale e sostenendone la preservazione, gli individui allineati con il Tao contribuiscono al benessere del pianeta e delle generazioni future. Inoltre, incarnando qualità di pace interiore, gli individui possono fungere da fari di calma e saggezza, ispirando gli altri a cercare l'armonia dentro di sé e nelle loro interazioni con gli altri. Questo effetto a catena di pace e armonia arricchisce ulteriormente l'arazzo collettivo dell'esistenza umana, promuovendo una società più compassionevole ed equilibrata.

Capitolo 56 - La saggezza silenziosa del Tao:

1. Il potere del silenzio nel pensiero taoista:
Nel taoismo, il silenzio è considerato uno strumento potente per approfondire la comprensione spirituale e raggiungere l'armonia con l'ordine naturale dell'universo. Gli antichi saggi taoisti sostenevano la virtù del silenzio come mezzo per raggiungere saggezza e intuizione, riconoscendo che in mezzo al rumore e alle distrazioni del mondo, la vera illuminazione può essere trovata solo nella quiete della mente e dello spirito.

Storicamente, il concetto di silenzio nel taoismo risale ai testi fondamentali come il Tao Te Ching e il Chuang Tzu, dove il valore della contemplazione silenziosa e dell'introspezione viene ripetutamente sottolineato. Nel corso dei secoli, i praticanti taoisti hanno abbracciato varie forme di meditazione e riflessione silenziosa come componenti integrali della loro pratica spirituale, vedendola come una porta verso la comprensione trascendentale e l'auto-scoperta.

Filosoficamente, il silenzio nel Taoismo sottolinea la fede nell'interconnessione di tutte le cose e nella saggezza innata che permea l'universo. Coltivando uno stato interiore di silenzio, gli individui si allineano con i ritmi della natura, sintonizzando la loro coscienza con le energie sottili e le verità universali che esistono oltre il regno delle parole e dei concetti. È in questo stato di ricettività e apertura che gli adepti taoisti cercano di acquisire intuizioni sui misteri dell'esistenza e di comunicare con i principi sottostanti del Tao.

Il silenzio è considerato un mezzo per armonizzare il proprio essere interiore con il flusso cosmico più ampio, favorendo un profondo senso di tranquillità e unità con i modelli di vita in continua evoluzione. Piuttosto che un atto di ritiro o isolamento, la pratica del silenzio nel pensiero taoista incoraggia un impegno attivo con il mondo, radicato in una serena consapevolezza e accettazione del momento presente. Conferisce chiarezza al processo decisionale, fortifica lo spirito contro i disturbi esterni e nutre la capacità di rispondere alle sfide con grazia ed equanimità.

2. Integrare il silenzio nella pratica quotidiana:
Integrare il silenzio nella pratica quotidiana è un processo trasformativo che richiede consapevolezza e dedizione. I praticanti sono incoraggiati a coltivare momenti di riflessione silenziosa in mezzo al trambusto della vita moderna. Ciò potrebbe comportare la ricerca di opportunità per ritirarsi dagli stimoli esterni, anche per brevi periodi, al fine di riconnettersi con il sé interiore. Incorporando il silenzio nelle routine quotidiane, gli individui possono sviluppare un maggiore senso di presenza e sintonia con i ritmi naturali dell'esistenza.

Un modo per integrare il silenzio nella pratica quotidiana è attraverso la coltivazione della meditazione consapevole. Questa antica tecnica invita gli individui a impegnarsi nella consapevolezza focalizzata del loro respiro, delle sensazioni corporee e del momento presente. Impegnandosi regolarmente nella meditazione consapevole, i praticanti possono gradualmente affinare la loro capacità di abbracciare il silenzio e la quiete, favorendo uno stato di essere più tranquillo nel mezzo delle attività quotidiane. Inoltre, la pratica della consapevolezza può migliorare la capacità di osservare pensieri ed emozioni senza attaccamento, portando a un maggiore senso di equanimità e chiarezza mentale.

Inoltre, l'integrazione del silenzio nella pratica quotidiana si estende oltre le sessioni di meditazione formali. Comporta la creazione consapevole di spazi silenziosi all'interno di interazioni e ambienti quotidiani. Ciò può comprendere l'adozione di un approccio contemplativo a compiti come camminare, mangiare o impegnarsi in semplici faccende. Infondendo in queste attività un'attenzione intenzionale al silenzio, gli individui possono promuovere una connessione più profonda con il momento presente e la saggezza intrinseca che si trova in esso.

Il silenzio gioca anche un ruolo fondamentale nelle relazioni interpersonali. Integrare pratiche di comunicazione silenziosa, come l'ascolto attivo e la presenza empatica, può arricchire la qualità delle connessioni con gli altri. Lasciando spazio al silenzio durante le conversazioni, gli individui creano un ambiente favorevole alla comprensione genuina e al rispetto reciproco. Questo approccio consapevole alla comunicazione coltiva una dinamica armoniosa in cui ogni persona si sente ascoltata e apprezzata.

Capitolo 57 - Governare con semplicità e sottigliezza:

1. Principi di governance minimalista:
La governance minimalista opera sul principio che la semplicità nei sistemi e nei processi può portare a un'amministrazione più efficace. Semplificando le procedure burocratiche e riducendo al minimo le normative non necessarie, la governance può diventare più reattiva ed efficiente. Questo approccio sottolinea l'importanza di dare potere a individui e comunità, decentralizzare il processo decisionale e ridurre l'onere complessivo dell'intervento governativo. Attraverso la

governance minimalista, l'attenzione si sposta verso la promozione dell'autogoverno, della responsabilità personale e della resilienza della comunità. Esempi storici come la filosofia di Laozi e modelli contemporanei come le strutture governative semplificate dei paesi scandinavi dimostrano come meno può effettivamente essere di più nei meccanismi politici. Abbracciando i principi fondamentali della governance minimalista, le società possono adattarsi alle mutevoli esigenze con maggiore agilità, promuovere l'innovazione e favorire una relazione più armoniosa tra lo stato e i suoi cittadini.

Inoltre, leadership e governance nel contesto della filosofia taoista sottolineano l'importanza dell'influenza sottile e dell'intervento minimalista. L'arte di guidare con sottigliezza implica la promozione di un ambiente in cui gli individui sono autorizzati ad agire autonomamente all'interno di un quadro più ampio guidato dai principi del Tao. La leadership sottile implica la creazione di uno spazio in cui gli individui si sentano motivati e ispirati a contribuire con le loro competenze e prospettive uniche, con conseguente struttura di governance armoniosa ed efficiente. Invece di imporre rigide regole e regolamenti, un leader sottile incoraggia l'autodisciplina, l'innovazione e l'adattabilità tra i membri della comunità o dell'organizzazione. Questo approccio consente lo sviluppo organico di soluzioni e iniziative che si allineano con il flusso naturale delle cose.

Al centro del concetto di leadership sottile c'è la capacità di influenzare senza affermare il predominio, di guidare senza imporre e di promuovere una cultura di collaborazione e responsabilità condivisa. Un leader sottile riconosce l'interconnessione di tutte le sfaccettature di un sistema e si sforza di mantenere equilibrio e armonia, consentendo l'emergere di crescita e sviluppo sostenibili. Questa forma di leadership è radicata nella fiducia, nell'empatia e nella lungimiranza, abbracciando la saggezza di cedere e comprendere il flusso e il riflusso del cambiamento. Il ruolo del leader sottile si estende oltre le gerarchie convenzionali, valorizzando le intuizioni e i contributi di ogni individuo all'interno del collettivo, facilitando al contempo la creazione di consenso e il processo decisionale condiviso. Attraverso l'arte dell'influenza e della leadership sottile, un leader non solo sostiene i valori del Tao, ma ispira anche gli altri ad abbracciare questi principi, promuovendo una cultura di rispetto reciproco, inclusività e apprendimento continuo.

D'altro canto, nel perseguimento di una governance efficace, è fondamentale allineare le azioni governative ai principi fondamentali del Tao. Il concetto di armonizzazione delle azioni governative con il Tao ruota attorno all'idea di promuovere un ordine naturale e organico all'interno della società, guidato dalla saggezza intrinseca del Tao. Questo approccio enfatizza la coltivazione della virtù, dell'empatia e della compassione al centro della governance, trascendendo i meri quadri legislativi e i processi burocratici. Per armonizzare veramente le azioni governative con il Tao, i leader devono incarnare le virtù dell'umiltà, dell'altruismo e della consapevolezza nei loro processi decisionali, riconoscendo che il benessere delle persone e l'equilibrio della natura superano gli interessi individuali o di parte.

Al centro di questo allineamento c'è l'enfasi sulla non interferenza e sul consentire agli eventi di svolgersi naturalmente, guidati dal flusso e riflusso delle energie universali. Invece di imporre rigide regolamentazioni e controlli, governare con il Tao cerca di nutrire un ambiente in cui individui e comunità possano prosperare autonomamente, in accordo con le loro inclinazioni e potenzialità uniche. Abbracciando l'arte del wu wei, i leader possono facilitare il progresso e la prosperità senza imporre con la forza la loro volontà alla popolazione.

Inoltre, armonizzare le azioni del governo con il Tao richiede una profonda comprensione dell'interconnessione di tutti i fenomeni. Le politiche e le iniziative dovrebbero mirare a sostenere la relazione simbiotica tra l'umanità e il mondo naturale, sforzandosi di promuovere pratiche sostenibili e armonia ecologica. Ciò comporta la valorizzazione della conservazione delle risorse ambientali, la promozione di una gestione responsabile della terra e la promozione di un senso di riverenza per l'intricata rete della vita sulla Terra. Nutrendo gli ecosistemi e rispettando il delicato equilibrio della natura, i governi possono incarnare l'essenza del Tao, esibendo riverenza per le dinamiche interdipendenti dell'esistenza.

In pratica, armonizzare le azioni del governo con il Tao implica anche la coltivazione di politiche inclusive ed eque che diano priorità al benessere di tutti i membri della società. La ricerca della giustizia sociale, delle pari opportunità e della compassione verso gli emarginati riecheggia la natura compassionevole del Tao. Attraverso una governance basata sui principi, i leader possono impegnarsi per mitigare la disparità, alleviare la sofferenza e creare condizioni che consentano a ogni individuo di realizzare il proprio pieno potenziale. Riconoscendo la dignità e il valore intrinseci di ogni persona, indipendentemente dallo status sociale o dal background, i governi possono promuovere una società intrisa di armonia e rispetto reciproco.

Capitolo 58 - Leadership e contentezza:

1. Il paradigma della leadership efficace:
Nel contesto della filosofia taoista, una leadership efficace si basa su una profonda comprensione dei principi intrinseci del Tao. Nel profondo, la leadership taoista enfatizza saggezza, integrità e responsabilità come pietre angolari fondamentali per guidare e ispirare gli altri. Il leader saggio incarna la saggezza cercando di discernere l'ordine naturale delle cose, aderendo al contempo a principi etici che onorano l'interconnessione di tutti gli esseri. Questa saggezza intrinseca

consente ai leader di prendere decisioni che riflettono una profonda comprensione delle implicazioni e delle conseguenze più ampie, trascendendo i limiti delle prospettive miopi. Inoltre, l'integrità costituisce il fondamento della leadership taoista, a significare un impegno incrollabile verso l'autenticità, l'onestà e la rettitudine morale. I leader che sposano l'integrità guadagnano la fiducia e il rispetto dei loro seguaci, promuovendo un ambiente di trasparenza e responsabilità. Tali leader onorano la loro parola e guidano con l'esempio, instillando un senso di fortezza etica in coloro che guidano. La responsabilità, un altro principio fondamentale della leadership taoista, sottolinea il dovere dei leader di agire nel migliore interesse dei loro elettori e della comunità più ampia. Ciò implica un approccio coscienzioso al processo decisionale, in cui i leader considerano l'impatto olistico delle loro scelte su tutti gli stakeholder. I veri leader sopportano il peso delle loro responsabilità con grazia e umiltà, riconoscendo che le loro azioni plasmano il destino di coloro che servono.

2. Coltivare la contentezza nella governance:
La contentezza nella governance è un attributo essenziale che distingue i leader eccezionali da quelli ordinari. Comprende una mentalità e un approccio che danno priorità al benessere delle persone e alla sostenibilità della struttura di governo. Coltivare la contentezza implica promuovere un ambiente in cui gli individui si sentano sicuri, ascoltati e apprezzati all'interno del quadro sociale. Riconoscendo l'importanza della contentezza nella governance, i leader possono stabilire una comunità armoniosa e stabile. Una strada per coltivare la contentezza sta nel garantire un accesso equo alle risorse e alle opportunità per tutti i cittadini. Ciò può comportare l'implementazione di politiche che promuovano equità, uguaglianza e giustizia sociale, instillando così un senso di contentezza e fiducia tra la popolazione.

Inoltre, promuovere canali aperti di comunicazione e trasparenza all'interno della struttura di governance contribuisce a coltivare la contentezza. Quando i cittadini sono informati e coinvolti nei processi decisionali, è più probabile che si sentano soddisfatti della direzione e della gestione della loro società. Inoltre, abbracciare i principi etici e morali come principi guida della governance alimenta la contentezza all'interno del quadro di leadership. Un impegno per l'integrità e l'autenticità stabilisce una solida base per promuovere la contentezza sia tra l'organo di governo che tra i governati. Coltivare la contentezza richiede anche la capacità di adattarsi alle circostanze mutevoli e di mostrare empatia verso le esigenze della popolazione.

I leader che cercano attivamente di comprendere le preoccupazioni e le aspirazioni in evoluzione delle persone dimostrano un genuino interesse nel promuovere la contentezza collettiva. Ciò può comportare l'affrontare sfide come le disparità economiche, l'accessibilità all'assistenza sanitaria e la sostenibilità ambientale in modi che riflettano un impegno genuino per il benessere di tutti i membri della società. Sottolineare l'importanza dell'impegno civico e del coinvolgimento della comunità facilita ulteriormente la coltivazione della contentezza nella governance. Incoraggiare la partecipazione attiva negli affari pubblici e fornire piattaforme per il dialogo e la collaborazione collettivi rafforza gli individui e genera un senso di appartenenza e contentezza nel processo di governance.

Promuovere un ambiente in cui la diversità è celebrata e rispettata contribuisce in modo significativo alla coltivazione della contentezza nella governance. Riconoscendo e onorando le identità e le prospettive multiformi all'interno di una società, i leader promuovono un ambiente inclusivo che favorisce la contentezza e un senso di appartenenza tra tutti i cittadini.

3. Bilanciare autorità e umiltà:

La leadership, in particolare nella governance, richiede un delicato equilibrio tra autorità e umiltà. Questa sezione approfondisce l'intricata interazione di queste due qualità essenziali che contraddistinguono un leader eccezionale. L'autorità, quando esercitata coscienziosamente, funge da forza guida, fornendo direzione e coerenza all'organo di governo. Deriva da una profonda comprensione della responsabilità e della rendicontazione, guidando le decisioni verso il miglioramento della società. Tuttavia, questa autorità deve essere temperata dall'umiltà: essere consapevoli dei propri limiti, cercare consiglio e riconoscere i contributi degli altri.

Al centro dell'equilibrio tra autorità e umiltà c'è la capacità di ascoltare e imparare da prospettive divergenti dalla propria. Un leader dovrebbe mostrare la capacità di considerare punti di vista alternativi e rimanere ricettivo alle critiche costruttive. Ammettere la fallibilità non è un segno di debolezza, ma piuttosto un'indicazione di forza, che mostra la volontà di evolversi e adattarsi in risposta alle circostanze mutevoli. Inoltre, abbracciare l'umiltà promuove una cultura di inclusività e responsabilizzazione all'interno della struttura di governance, ispirando un senso di scopo condiviso e promuovendo fiducia e unità tra colleghi e elettori.

L'integrazione armoniosa di autorità e umiltà contribuisce a uno stile di leadership che è sia deciso che empatico. I leader che trasudano autorità senza umiltà rischiano di alienare coloro che governano, creando potenzialmente un ambiente di malcontento e discordia. Al contrario, un eccesso di umiltà senza l'affermazione dell'autorità potrebbe portare a indecisione e governance inefficace. Pertanto, diventa imperativo per i leader trovare un equilibrio, impiegando la loro autorità giudiziosamente e dimostrando umiltà nelle loro interazioni e nei processi decisionali.

Capitolo 59 - Accumulare virtù:

Negli insegnamenti taoisti, l'essenza risiede nell'allineamento con l'ordine naturale e nella coltivazione dell'armonia interiore. Le definizioni tradizionali e filosofiche di virtù nel contesto taoista sottolineano l'importanza di integrità, compassione, umiltà, sincerità e rispetto. Queste virtù sono percepite come qualità essenziali che avvicinano gli individui all'incarnazione del Tao.

Nella filosofia taoista, la virtù non è semplicemente un insieme di comportamenti esteriori, ma piuttosto uno stato interiore dell'essere che riflette una profonda riverenza per l'interconnessione di tutte le cose. È radicata nella consapevolezza delle proprie azioni e dei loro effetti a catena in tutto il mondo. Vivere virtuosamente significa mantenere equilibrio e armonia nel pensiero, nella parola e nell'azione, contribuendo così al maggiore equilibrio dell'universo.

Il Tao Te Ching sottolinea la connessione intrinseca tra virtù e principi naturali, insegnando che la coltivazione della virtù conduce a una vita di appagamento e scopo. Vivere virtuosamente implica l'allineamento di sé stessi con il flusso del Tao, abbracciando il concetto di wu wei e aderendo alla saggezza intrinseca del mondo naturale. Attraverso questo allineamento, gli individui possono incarnare le virtù della flessibilità, dell'adattabilità e della forza aggraziata, rispecchiando le caratteristiche dell'acqua nella sua capacità di nutrire e sostenere tutte le forme di vita.

Inoltre, il concetto taoista di virtù si estende oltre la moralità personale per comprendere l'interazione di relazioni e dinamiche sociali. Praticare la virtù implica promuovere interazioni armoniose all'interno delle comunità e abbracciare i valori di empatia, gentilezza e comprensione. Coltivando qualità virtuose, gli individui contribuiscono alla creazione di una società solidale e compassionevole, arricchendo la vita degli altri attraverso i loro comportamenti e atteggiamenti esemplari.

Capitolo 60 - Vivere in armonia con il Tao:

1. Comprendere l'armonia nella filosofia taoista:
Il concetto di armonia occupa un posto centrale nella filosofia taoista, raffigurando un'interconnessione radicata di tutti gli aspetti della vita e dell'universo. Gli insegnamenti taoisti promuovono l'accettazione del flusso naturale dell'esistenza e il riconoscimento dell'equilibrio intrinseco nel cosmo. In sostanza, l'armonia non è semplicemente un'assenza di conflitto, ma uno stato in cui tutti gli elementi coesistono in equilibrio, completandosi e sostenendosi a vicenda. Questa armonia intrinseca si riflette nei modelli ciclici della natura, dove le stagioni si susseguono senza soluzione di continuità e gli ecosistemi prosperano attraverso l'interdipendenza. Sottolinea la profonda comprensione che tutti i fenomeni sono interconnessi e interdipendenti, formando un intricato arazzo di esistenza. All'interno di questo paradigma, l'individuo è considerato parte integrante del tutto universale, sottolineando la natura interconnessa della vita umana con l'ambiente circostante. La ricerca dell'armonia nella filosofia taoista comprende l'allineamento delle proprie azioni, pensieri ed emozioni con il ritmo dell'ordine naturale, promuovendo un senso di tranquillità e unità. Attraverso la consapevolezza e l'introspezione, gli individui cercano di armonizzare il loro mondo interiore con l'ambiente esterno, raggiungendo così uno stato di equilibrio e serenità. Inoltre, la nozione di armonia si estende oltre l'individuo per comprendere dimensioni sociali e cosmiche. Riconosce la reciprocità tra la condotta umana e il cosmo più ampio, in cui il comportamento etico e la vita virtuosa contribuiscono all'equilibrio generale e al benessere dell'universo. Di conseguenza, i praticanti taoisti coltivano attivamente virtù come compassione, umiltà e semplicità,

riconoscendole come elementi essenziali per nutrire l'armonia universale. Abbracciando l'ethos della non contesa e della resa, la filosofia taoista sposa una coesistenza armoniosa con gli altri e il mondo circostante. Discernendo l'interconnessione di tutti i fenomeni e arrendendosi al flusso e riflusso dell'esistenza, gli individui possono trascendere discordia e disarmonia, incarnando così i principi senza tempo del Tao.

D'altro canto, raggiungere l'equilibrio personale e collettivo implica l'integrazione armoniosa di mente, corpo e spirito in allineamento con il flusso del Tao. Questo stato di equilibrio si estende oltre l'individuo per comprendere l'interconnessione di tutti gli esseri viventi e del mondo naturale. Nel tentativo di raggiungere questo equilibrio, gli individui cercano di andare oltre i desideri personali e le attività guidate dall'ego, abbracciando una mentalità di altruismo e compassione. Il raggiungimento dell'equilibrio personale inizia con la coltivazione della consapevolezza e della consapevolezza. Sintonizzandosi sul momento presente e coltivando una profonda comprensione dell'interconnessione di tutte le cose, si può iniziare a trascendere i limiti dell'ego e ad allineare le proprie azioni con la natura spontanea e senza sforzo del Tao. Questo processo di auto-coltivazione implica pratiche come la meditazione, il lavoro sul respiro e il qigong, che aiutano gli individui a calmare la mente, regolare il respiro e sintonizzarsi con i ritmi sottili del mondo naturale. Man mano che gli individui procedono lungo questo percorso, sviluppano un profondo senso di pace interiore e serenità, che consente loro di affrontare le sfide della vita con grazia e resilienza.

Oltre allo sviluppo personale, il taoismo sottolinea l'importanza di raggiungere un equilibrio collettivo all'interno delle comunità e della società in generale. Ciò implica promuovere armonia e cooperazione tra gli individui, trascendere i conflitti e promuovere rispetto e comprensione reciproci. Collettivamente, questo equilibrio si manifesta in pratiche sostenibili ed etiche che onorano e preservano l'ambiente naturale, riconoscendo l'interdipendenza dell'umanità con la Terra e le sue risorse. Attraverso rituali, cerimonie e celebrazioni condivise, le comunità possono rafforzare la loro connessione con il Tao e promuovere un senso di unità e scopo. Inoltre, la ricerca dell'equilibrio collettivo si estende alla governance e alla leadership, enfatizzando i principi di umiltà, empatia e leadership di servizio. I leader che incarnano queste qualità ispirano fiducia e unità, promuovendo il bene comune rispetto al guadagno personale.

Capitolo 61 - Morbidezza e potenza:

Nel corso della storia, abbiamo assistito a numerosi casi in cui l'incarnazione della morbidezza è emersa come una forza formidabile, sfidando le nozioni convenzionali di potenza e forza. Nella filosofia orientale, il concetto di "morbidezza" o "yin" è spesso raffigurato come cedevole, flessibile e arrendevole, spesso associato al femminile, in contrasto con lo "yang" o "durezza" associato al maschile. Questa dicotomia è profondamente radicata nell'antica cultura cinese, dove la morbidezza dell'acqua è venerata come simbolo di forza. Il rinomato filosofo cinese Lao Tzu, nella sua opera fondamentale, il Dao De Jing, ha esaltato le virtù della morbidezza paragonandola all'acqua, che è gentile ma capace di erodere le montagne attraverso la sua persistenza.

Andando oltre i testi filosofici, personaggi storici come Mahatma Gandhi e Martin Luther King Jr. sono modelli di resistenza non violenta e protesta pacifica per ottenere un cambiamento sociale monumentale. La loro adesione alla non violenza esemplificava la forza insita negli approcci gentili, portando infine a significative trasformazioni politiche. Inoltre, nelle arti marziali tradizionali, ai praticanti viene insegnato a sfruttare il potere della flessibilità e della grazia, piuttosto che la pura forza bruta, dimostrando come la morbidezza possa essere esercitata come una forma efficace di combattimento.

Nel regno della leadership, il concetto di yin e yang fornisce un quadro per comprendere l'equilibrio tra forze contrastanti. Lo yin rappresenta morbidezza, ricettività e flessibilità, mentre lo yang incarna forza, assertività e resilienza. Nel contesto della leadership, l'interazione di yin e yang diventa cruciale nella creazione di uno stile di leadership efficace e armonioso.

I leader che incarnano le qualità yin promuovono un ambiente di empatia, compassione e apertura mentale. Abbracciando la ricettività e l'adattabilità, dimostrano la capacità di ascoltare attentamente e considerare diverse prospettive. Incorporare elementi yin nella leadership consente un approccio nutriente e di supporto che valorizza la collaborazione e l'inclusività.

Al contrario, gli aspetti yang della leadership sono caratterizzati da risolutezza, sicurezza e visione strategica. I leader infusi di attributi yang mostrano determinazione, coraggio e la capacità di prendere decisioni difficili. Ispirano gli altri attraverso la loro resilienza e assertività, guidando il progresso e superando le sfide.

È essenziale riconoscere che un leader di successo deve integrare armoniosamente sia le qualità yin che quelle yang. Raggiungere questo equilibrio coltiva uno stile di leadership che è empatico ma risoluto, adattabile ma deciso. Una leadership efficace abbraccia le qualità yin di ascolto, comprensione e promozione della collaborazione, sfruttando anche gli attributi yang di risolutezza, chiarezza e slancio in avanti.

In pratica, bilanciare yin e yang nella leadership richiede autoconsapevolezza e continuo perfezionamento. Implica riconoscere quando esercitare una guida gentile e quando applicare una direzione ferma. Riconoscendo la natura complementare delle qualità yin e yang, i leader possono navigare nelle complessità con sfumature e grazia, allineando le proprie azioni alle esigenze del proprio team e agli obiettivi organizzativi più ampi.

Capitolo 62 - Le virtù del Dao come santuario:

Il concetto di Dao come rifugio spirituale e metafisico è profondamente radicato nella natura non dualistica di questa antica filosofia. Negli insegnamenti daoisti, il concetto di santuario trascende la fisicità per comprendere uno stato dell'essere che nutre tranquillità e resilienza. Quando ci si addentra nell'essenza del Dao, diventa evidente che non è semplicemente un luogo o uno stato di esistenza, ma piuttosto un modo profondo di percepire e interagire con il mondo.

Abbracciando la dualità insita in tutte le cose, il Dao funge da fondamento per il santuario, un rifugio non limitato da alcuna limitazione tangibile. La natura non dualistica del Dao consente agli individui di trovare conforto in mezzo alle realtà in continua evoluzione della vita, favorendo un senso di profonda pace interiore e forza incrollabile. Questo rifugio filosofico non è vincolato da vincoli di tempo, spazio o circostanze; al contrario, offre un rifugio senza tempo che esiste oltre la comprensione convenzionale.

I principi del Dao come santuario sono radicati nell'armonia tra gli opposti, incoraggiando gli individui ad abbracciare tutte le sfaccettature dell'esistenza senza giudizio o resistenza. Riconoscendo e riconciliando le forze opposte, si può coltivare un santuario interiore incrollabile, un luogo di equilibrio ed equanimità. Attraverso questa comprensione fondamentale del Dao, gli individui ottengono l'accesso a un rifugio spirituale che trascende i confini del mondo materiale, fornendo uno spazio sacro in cui l'anima trova riposo e ringiovanimento. Questo santuario all'interno del Dao offre non solo conforto, ma funge anche da fonte di vitalità, fortificando lo spirito contro le tumultuose correnti della vita.

Capitolo 63 - Agire attraverso la non-azione:

Come affermato nei capitoli precedenti, Wu Wei, spesso tradotto come "non-azione", è un concetto fondamentale nella filosofia taoista che incarna il principio dell'azione senza sforzo. Quando si esplorano i principi fondamentali di Wu Wei nel contesto dei testi taoisti, diventa evidente che questo concetto enfatizza l'arte del "non fare nulla" e del consentire agli eventi di svolgersi naturalmente. In contrasto con l'approccio occidentale del comportamento proattivo e assertivo, Wu Wei incoraggia gli individui ad abbracciare un atteggiamento più passivo e ricettivo nei confronti della vita. Questa contraddizione con l'attivismo occidentale presenta un profondo cambiamento di prospettiva, dando priorità all'armonia con l'ordine naturale rispetto alla forzatura e alla manipolazione dei risultati. L'essenza di Wu Wei risiede nell'allinearsi al flusso naturale degli eventi, sfruttare la spontaneità e abbracciare lo svolgersi delle circostanze senza resistenza. Inoltre, il concetto di Wu Wei si estende oltre la mera inattività fisica, sostenendo la tranquillità mentale e il distacco emotivo.

D'altro canto, la non-azione si estende oltre il regno della comprensione teorica per offrire applicazioni pratiche nella vita quotidiana. Questo principio sostiene un approccio armonioso alla vita che enfatizza la naturalezza, la spontaneità e l'allineamento con il flusso dell'esistenza. Nel contesto delle esperienze quotidiane, la non-azione incoraggia gli individui ad adottare una mentalità sintonizzata verso il processo decisionale, le interazioni interpersonali e il perseguimento di obiettivi personali. Abbracciare la non-azione non implica pigrizia o passività; piuttosto, implica un sottile riorientamento delle proprie azioni e risposte per essere in accordo con i ritmi fondamentali della natura.

Nella sfera del processo decisionale, la non-azione spinge gli individui a esercitare discernimento e moderazione, riconoscendo quando un intervento eccessivo può interrompere lo svolgimento organico degli eventi. Coltivando la pazienza e consentendo alle situazioni di evolversi naturalmente, si possono spesso ottenere risultati più favorevoli rispetto all'imposizione forzata della volontà. Nelle relazioni interpersonali, abbracciare la non-azione comporta ascoltare profondamente, riconoscere senza giudizio e astenersi dall'imporre la propria agenda agli altri. Questo approccio promuove comprensione, empatia e connessione autentica, alimentando scambi armoniosi e legami significativi.

Inoltre, l'applicazione della non-azione si estende al perseguimento di obiettivi e aspirazioni personali. Invece di sforzi incessanti e rigide definizioni di obiettivi, praticare la non-azione implica rimanere aperti alle possibilità, sintonizzandosi sulle opportunità presentate dalle circostanze prevalenti. Ciò non diminuisce l'importanza dello sforzo o della determinazione; piuttosto, invita gli individui a riconoscere la potenziale saggezza nel cedere al flusso e riflusso della vita, a volte sfruttando il potere della resa per spingerli verso i loro obiettivi.

Abbracciare il concetto di non-azione nella vita quotidiana offre una lente trasformativa attraverso cui percepire e interagire con il mondo. Invita gli individui a trascendere il ritmo frenetico e le pressioni dell'esistenza moderna, coltivando una mentalità che valorizza l'intuizione, la ricettività e l'adattabilità. Attraverso una pratica costante, l'applicazione della non-azione può generare un senso accresciuto di pace interiore, resilienza in mezzo alle sfide e una qualità arricchita di interazioni con gli altri. Pertanto, integrare la non-azione nella vita quotidiana produce profondi benefici, facilitando non solo il benessere e la realizzazione individuale, ma anche contribuendo all'equilibrio e all'armonia generali all'interno del più ampio arazzo della società umana.

Capitolo 64 - Cautela negli inizi e nelle fini:

Il lancio di nuove iniziative richiede un approccio meticoloso e una profonda considerazione di vari fattori prima di procedere. Comprendere il contesto in cui opererà l'iniziativa è fondamentale per determinarne la fattibilità e il potenziale impatto. Ciò comporta la conduzione di un'analisi completa dell'ambiente attuale, inclusi trend di mercato, progressi tecnologici e dinamiche sociali. Inoltre, identificare gli obiettivi e gli scopi specifici dell'iniziativa è essenziale per stabilire una direzione e uno scopo chiari. Definire risultati misurabili e risultati previsti fornisce un quadro per valutare progressi e successi.

Inoltre, riconoscere le potenziali sfide e i rischi all'inizio è fondamentale per ideare strategie proattive per mitigare gli ostacoli che potrebbero presentarsi lungo il percorso. Anticipare questi ostacoli consente lo sviluppo di piani di emergenza e approcci alternativi, migliorando la resilienza e l'adattabilità dell'iniziativa.

D'altro canto, restare impegnati in un progetto o in un'impresa è essenziale per realizzare il pieno potenziale di un'iniziativa. Mantenere lo slancio implica una combinazione di pianificazione strategica, gestione efficace delle risorse ed esecuzione coerente. Per ottenere un successo continuo, è fondamentale promuovere una cultura di resilienza e adattabilità all'interno del team. Questa sezione si concentra sulle strategie chiave per rafforzare e mantenere lo slancio per tutta la durata di qualsiasi impresa.

Un aspetto cruciale del mantenimento dello slancio è l'arte del ritmo. Stabilendo traguardi raggiungibili e rafforzando un ritmo costante, diventa fattibile mantenere i progressi senza soccombere al burnout o all'apatia. Inoltre, revisioni e valutazioni periodiche facilitano gli aggiustamenti necessari, assicurando che la traiettoria sia allineata con gli obiettivi generali.

Una comunicazione efficace svolge un ruolo fondamentale nel sostenere lo slancio, poiché promuove la trasparenza e fornisce chiarezza riguardo alle aspettative, ai ruoli e alle responsabilità. Un dialogo aperto incoraggia lo scambio di idee e promuove un senso di proprietà collettiva, migliorando così l'impegno e il coinvolgimento tra i membri del team.

Inoltre, coltivare un ambiente di squadra solidale e coeso è fondamentale. Coltivare un solido sistema di supporto e generare uno spirito collaborativo non solo rafforza il morale, ma spinge anche l'iniziativa in avanti attraverso sforzi condivisi e incoraggiamento reciproco. La responsabilità reciproca e l'attenzione ai risultati collettivi sono fondamentali per promuovere un approccio unificato verso il mantenimento dello slancio.

Nel perseguimento di uno slancio sostenuto, la gestione proattiva del rischio è indispensabile. Anticipare potenziali sfide e ideare piani di emergenza può prevenire battute d'arresto, assicurando che eventuali ostacoli incontrati non facciano deragliare irreparabilmente il progresso. Identificando e affrontando diligentemente i rischi, l'iniziativa può navigare abilmente nelle incertezze, scongiurando le interruzioni.

Infine, ancorare la motivazione del team allo scopo più ampio dell'iniziativa è fondamentale. Riallineare continuamente l'attenzione del team con la missione sovraordinata inietta significato nello sforzo, accendendo la motivazione intrinseca e rafforzando la perseveranza di fronte agli ostacoli. Sottolineare l'importanza del contributo collettivo aiuta a galvanizzare la determinazione del team, rafforzando la determinazione e infondendo uno scopo a ogni compito.

Capitolo 65 - L'Antica Bontà:

L'antica virtù celebrata nella filosofia taoista deriva da un ricco contesto storico che comprende i principi fondamentali e le filosofie originali dell'antica bontà. Radicata nelle tradizioni della prima civiltà cinese, questa virtù è precedente ai documenti scritti ed è stata trasmessa oralmente di generazione in generazione, plasmando il tessuto morale della società. È fondamentale comprendere che il concetto di antica virtù è profondamente intrecciato con le norme sociali prevalenti e i valori culturali del suo tempo, offrendo così una visione degli ideali che guidavano individui e comunità. Le origini di questa virtù possono essere ricondotte agli insegnamenti di rinomati saggi e filosofi che cercavano di infondere armonia, rettitudine e benevolenza nella coscienza collettiva. Addentrandosi nel contesto storico, si ottiene una profonda comprensione della saggezza intrinseca e dei principi etici che sostengono l'antica bontà, trascendendo i limiti temporali e risuonando con verità universali. Esaminando le filosofie originali che definiscono la bontà antica, si scopre un arazzo di insegnamenti, aneddoti e proverbi che hanno resistito alla prova del tempo. Queste filosofie incarnano la saggezza delle epoche passate, incapsulando i principi duraturi di integrità, compassione e umiltà. In sostanza, riflettono la ricerca perenne di coltivazione morale e condotta etica, fungendo da fari guida per gli individui che cercano armonia dentro di sé e con il mondo che li circonda. In quanto tali, le fondamenta dell'antica virtù offrono una narrazione avvincente di aspirazione e illuminazione umana, intrecciando senza soluzione di continuità i fili della storia, della filosofia e della moralità.

Capitolo 66 - Guidare seguendo:

I leader efficaci possiedono la capacità di guidare seguendo, trovando forza nell'umiltà e abbracciando la saggezza di coloro che guidano. Questa interazione dinamica tra controllo e resa è ciò che separa i grandi leader dalle figure semplicemente autorevoli. L'equilibrio tra l'affermazione dell'autorità e la resa alla competenza degli altri è un aspetto delicato ma essenziale della leadership efficace.

Al centro di questo paradosso c'è la comprensione che la vera leadership non prospera in assenza di sottomissione. I leader che riconoscono il valore di cedere alla saggezza collettiva del loro team promuovono un ambiente che incoraggia il rispetto reciproco e la collaborazione. Riconoscendo i limiti della conoscenza individuale, questi leader danno potere ai loro subordinati e spianano la strada al successo collettivo. Arrendendosi a input e feedback, un leader può coltivare un ambiente che promuove l'innovazione e il miglioramento continuo.

Esaminando esempi storici di leader influenti, scopriamo individui che incarnavano questo paradosso in modo impeccabile. Visionari come Mahatma Gandhi e Nelson Mandela hanno esemplificato il potere trasformativo della leadership attraverso l'umiltà e l'altruismo. La loro disponibilità ad ascoltare, imparare e adattarsi ha permesso loro di galvanizzare movimenti di portata senza precedenti, rimodellando il corso della storia. Inoltre, la loro capacità di abbracciare le idee e le esigenze delle comunità che servivano li ha distinti come leader eccezionali che hanno capito che il vero progresso nasce dall'unità piuttosto che da decisioni unilaterali.

In un contesto globale in cui i modelli tradizionali di leadership gerarchica vengono messi in discussione, il significato del paradosso di leadership e sottomissione diventa sempre più evidente. La governance moderna richiede ai leader di riconoscere i limiti delle proprie prospettive, promuovendo al contempo un ambiente inclusivo che valorizzi opinioni diverse. Abbracciare il paradosso consente ai leader di navigare nelle complessità con agilità, trascendendo le nozioni convenzionali di potere e autorità.

Nel corso della storia, ci sono stati numerosi leader esemplari che hanno dimostrato il concetto di guidare seguendo. Una di queste figure influenti è Mahatma Gandhi, la cui resistenza passiva e le proteste non violente hanno portato a significativi cambiamenti sociali e politici in India. La capacità di Gandhi di guidare con l'esempio e ispirare gli altri a seguire un percorso non violento nella ricerca della giustizia funge da convincente esempio storico di leadership influente. Allo stesso modo, la straordinaria leadership di Nelson Mandela durante il movimento anti-apartheid in Sudafrica esemplifica il potere di guidare seguendo. Sopportando le difficoltà e promuovendo la riconciliazione, Mandela ha galvanizzato una nazione a lottare per l'unità e l'uguaglianza. Un altro leader degno di nota, Martin Luther King Jr., ha utilizzato metodi pacifici ma determinati per sostenere i diritti civili negli Stati Uniti, mostrando l'impatto trasformativo della leadership attraverso la ferma aderenza ai principi. Inoltre, l'imperatore Ashoka dell'impero Maurya è rinomato per il suo governo benevolo e gli instancabili sforzi per promuovere la pace e la prosperità. Il suo impegno verso una leadership etica e l'adozione di ideologie diverse riflette la profonda influenza del dare il buon esempio.

Capitolo 67 - I tre tesori:

1. Esplorazione dei tesori fondamentali:
Nella filosofia taoista, i tre tesori fondamentali di misericordia, frugalità e umiltà hanno un significato fondamentale, specialmente nel regno della leadership. La misericordia, secondo gli insegnamenti taoisti, incarna compassione, perdono e gentilezza verso gli altri e se stessi. Promuove un ambiente di comprensione, empatia e benevolenza, essenziale per una leadership coesa e armoniosa. Attraverso la lente della

frugalità, il taoismo enfatizza l'uso prudente delle risorse, sostenendo semplicità, moderazione e moderazione. Questa prospettiva incoraggia i leader a coltivare un'etica di gestione sostenibile e responsabile delle risorse, promuovendo al contempo una cultura di intraprendenza ed efficienza. Inoltre, l'umiltà, il terzo tesoro, sottolinea il valore della modestia, dell'autoconsapevolezza e dell'apertura mentale nel guidare gli altri. Esorta i leader a riconoscere i propri limiti, a cercare un apprendimento continuo e a rimanere ricettivi a diverse prospettive. L'integrazione di questi tesori fondamentali nelle pratiche di leadership coltiva una leadership etica, inclusiva ed efficace, contribuendo in ultima analisi al miglioramento della società e delle organizzazioni.

2. Applicazioni e implicazioni nella leadership:
La leadership è un'arte che richiede la padronanza dei Tre Tesori: compassione, frugalità e umiltà. Incarnare queste virtù significa preparare il terreno per una leadership efficace che risuoni con la saggezza senza tempo del Dao. L'applicazione dei Tre Tesori nella leadership è profonda e multiforme, offrendo un quadro senza tempo per guidare individui e organizzazioni verso un successo sostenibile. La compassione, come primo tesoro, ricorda ai leader di affrontare i loro ruoli con empatia, comprensione e un genuino desiderio di servire gli altri. Dando priorità al benessere dei membri del loro team e degli stakeholder, i leader possono creare fiducia, promuovere la collaborazione e ispirare una lealtà incrollabile. La frugalità, il secondo tesoro, spinge i leader a prendere decisioni coscienziose, evitando stravaganze e sprechi. Questo principio sottolinea il valore dell'intraprendenza, dell'efficienza e della gestione prudente delle risorse, consentendo ai leader di guidare le loro organizzazioni verso una prosperità duratura. Infine, l'umiltà, il terzo tesoro, esorta i leader ad abbracciare modestia, consapevolezza di sé e la volontà di imparare dagli altri. Rinunciando all'arroganza e abbracciando uno spirito di apertura, i leader possono coltivare un ambiente che

incoraggia innovazione, creatività e miglioramento continuo. Le implicazioni dell'integrazione dei Tre Tesori nella leadership sono di vasta portata. Essi plasmano una cultura di integrità, resilienza e condotta etica, favorendo un'atmosfera in cui gli individui si sentono autorizzati, apprezzati e intrinsecamente motivati a contribuire agli obiettivi collettivi. Tale leadership non solo facilita la crescita e la prosperità organizzativa, ma lascia anche un segno indelebile nel tessuto della società, ispirando gli altri a guidare con scopo e onore. Inoltre, l'applicazione dei Tre Tesori nella leadership trascende i confini del settore, dimostrando la sua rilevanza universale in diversi contesti. Che si tratti di affari, politica o servizio alla comunità, i leader che sposano questi principi esercitano un'influenza trasformativa, guadagnandosi rispetto e ammirazione.

3. Equilibrio tra misericordia, frugalità e umiltà:
L'equilibrio tra pietà, frugalità e umiltà rappresenta una sfida profonda per i leader in tutte le sfere di influenza. Nella ricerca di una leadership efficace, è essenziale destreggiarsi nella delicata interazione di queste tre virtù, riconoscendone l'immenso impatto sia sulla condotta personale che sulla cultura organizzativa.

In primo luogo, la misericordia è la pietra angolare della leadership illuminata. Attingendo alla fonte dell'empatia e della compassione, un leader deve mostrare misericordia nei suoi giudizi e nei suoi rapporti con gli altri. Questo approccio magnanimo promuove un ambiente di comprensione e perdono, consentendo la risoluzione dei conflitti e il nutrimento della fiducia all'interno di team e comunità.

Parallelamente, la virtù della frugalità infonde un senso di saggezza pratica e intraprendenza. Un leader prudente riconosce il valore della conservazione delle risorse e della riduzione al minimo degli sprechi, promuovendo efficienza e sostenibilità in tutte le iniziative. Abbracciando la frugalità, i leader dimostrano amministrazione e responsabilità, guidando le loro organizzazioni verso un successo duraturo, pur mantenendo i principi etici.

Inoltre, l'umiltà funge da contrappeso vitale alle potenziali insidie dell'autorità. La vera umiltà autorizza i leader a riconoscere i propri limiti e la propria fallibilità, coltivando un clima di apertura e ricettività verso diverse prospettive. Praticando l'umiltà, i leader ispirano una cultura di apprendimento e sviluppo continui, promuovendo un'atmosfera in cui gli individui si sentono valorizzati e autorizzati a contribuire con le proprie intuizioni e talenti unici.

La sintesi di misericordia, frugalità e umiltà culmina in uno stile di leadership armonioso che trascende i paradigmi tradizionali. Il leader astuto riconosce la necessità di integrare queste virtù nella propria filosofia di leadership, sfruttando la loro potenza collettiva per galvanizzare il cambiamento positivo e la crescita sostenibile all'interno della propria organizzazione.

Capitolo 68 - Compostezza nel conflitto:

1. Concettualizzazione:
L'applicazione dei principi taoisti alla natura tumultuosa del conflitto produce intuizioni profonde riguardo alla conservazione della compostezza. Ciò implica l'approfondimento dei fondamenti filosofici del mantenimento della calma anche quando ci si trova di fronte alle avversità. Al centro di questo approccio c'è il concetto di Wu Wei. Nel contesto del conflitto, Wu Wei incoraggia gli individui a navigare in situazioni turbolente con grazia e tranquillità, evitando opposizioni inutili e sforzandosi di raggiungere l'armonia in mezzo alla discordia.

L'enfasi sulla resa piuttosto che sulla resistenza si allinea con la credenza taoista nella natura ciclica e interconnessa di tutte le cose, spingendo a una comprensione più sfumata del conflitto come aspetto naturale dell'esistenza. Riconoscendo questa interconnessione, gli individui possono affrontare il confronto con un senso di equanimità, riconoscendo che ogni azione genera una reazione e che l'equilibrio può essere ripristinato attraverso un allineamento armonioso con il flusso degli eventi.

Inoltre, la virtù taoista dell'umiltà gioca un ruolo fondamentale nel favorire la compostezza durante gli incontri avversari. Liberando il bisogno di controllo e riconoscimento dell'ego, si può trascendere l'impulso a impegnarsi in un comportamento aggressivo o a reagire impulsivamente. Invece, un individuo radicato nei principi taoisti si sforza di mantenere la pace interiore e il distacco, comprendendo che la vera forza emerge dalla serenità piuttosto che dalla forza.

Inoltre, il principio di "ziran", o "naturalezza", sottolinea l'importanza di rimanere autentici e non ostacolati da pressioni esterne anche nel pieno del conflitto. Abbracciando la spontaneità e la semplicità, si coltiva uno stato dell'essere che è impenetrabile alle energie caotiche della discordia, mantenendo così la compostezza in circostanze difficili. Mentre sbrogliamo la saggezza multiforme racchiusa in questi principi, iniziamo a discernere l'intricato arazzo di pensiero che rafforza la capacità di mantenere la compostezza in mezzo al conflitto, trascendendo così la mera sopravvivenza per incarnare i più alti ideali di saggezza e armonia.

2. Principi taoisti applicati al confronto:
Invece di affrontare il conflitto con la forza o l'aggressione, i principi taoisti propugnano un approccio più sottile e armonioso. Ciò implica l'allineamento con il flusso naturale degli eventi e il consentire alle soluzioni di emergere organicamente, senza inutili resistenze. Inoltre, il principio di Yin e Yang ci ricorda che ogni conflitto contiene elementi di entrambe le parti e che trovare l'equilibrio in queste forze

opposte è essenziale per risolvere efficacemente i conflitti. Incoraggia gli individui a riconoscere la natura interdipendente di tutte le cose e a riconoscere l'unità sottostante in mezzo all'apparente discordia. Inoltre, il concetto di "la cosa più morbida supera la più dura" dimostra come flessibilità e adattabilità, piuttosto che la pura forza, possano essere gli strumenti più potenti quando si affrontano i conflitti. Comprendendo questi principi taoisti, si può affrontare il confronto con un più profondo senso di empatia, pazienza e comprensione. Attraverso questa lente, il conflitto può essere visto come un'opportunità di crescita e trasformazione, promuovendo una mentalità che valorizza l'armonia e il beneficio reciproco al di sopra del desiderio di dominare o controllare. Applicare questi principi a situazioni di vita reale può modificare radicalmente le dinamiche dei conflitti, portando a risoluzioni più pacifiche e rafforzando le relazioni.

Capitolo 69 - L'utilità dell'inutile:

Nel corso della storia, il concetto di utilità è stato profondamente radicato nei valori e nel pensiero della società. Le culture di tutto il mondo hanno tradizionalmente enfatizzato la praticità, la funzionalità e i benefici tangibili quando si valuta il valore di oggetti, idee e individui. Di conseguenza, c'è stata una tendenza diffusa a trascurare o scartare qualsiasi cosa percepita come priva di utilità strumentale immediata. Questa mentalità ha generato una radicata negligenza degli elementi apparentemente "inutili" all'interno della società.

Le antiche civiltà di Grecia e Roma esemplificano questa priorità dell'utilità. Scuole filosofiche come lo stoicismo e l'epicureismo enfatizzavano rispettivamente la ricerca di una vita virtuosa e il raggiungimento del piacere, ma entrambe da una prospettiva fortemente influenzata dalle nozioni di utilità e scopo. Gli oggetti che non contribuivano direttamente a questi ideali venivano spesso ignorati o svalutati.

Allo stesso modo, nelle tradizioni filosofiche orientali come il taoismo e il buddismo zen, c'è un riconoscimento del valore trascurato in ciò che è comunemente ritenuto "inutile". Il concetto di Wu Wei, o non-azione, enfatizza l'armonia senza sforzo trovata nell'ordine naturale delle cose, spesso vista come "inutile" da coloro che sottoscrivono una visione del mondo utilitaristica. Queste prospettive storiche gettano luce su come le società umane hanno lottato con la dicotomia tra utilità e presunta inutilità.

Inoltre, momenti cruciali della storia hanno testimoniato le conseguenze dello svalutare ciò che è apparentemente "inutile". Momenti di fioritura e innovazione culturale sono spesso emersi dalle fonti più improbabili, spesso ignorati a causa della loro mancanza di utilità immediata. Nel campo della scoperta scientifica, numerose invenzioni e teorie rivoluzionarie sono nate da sperimentazioni o esplorazioni apparentemente senza scopo, guidate dalla curiosità piuttosto che da un'utilità predeterminata.

Nonostante ciò, la prevalenza della negligenza utilitaristica persiste nell'era moderna, plasmando i sistemi economici, gli sviluppi tecnologici e gli atteggiamenti sociali. Tuttavia, un crescente apprezzamento per il valore intrinseco dell'"inutile" sta gradualmente permeando il discorso contemporaneo, sfidando le ipotesi consolidate su cosa costituisca veramente l'utilità in senso olistico. Pertanto, comprendere le implicazioni storiche di questa negligenza diventa cruciale nel rivalutare il ruolo e il significato dell'apparentemente "inutile" nelle nostre vite e nelle nostre società.

Capitolo 70 - Essere compresi e fraintesi:

Nella complessa rete della comunicazione umana, le dinamiche di percezione e cattiva interpretazione sono profondamente intrecciate con pregiudizi contestuali, culturali e individuali. Il contesto gioca un ruolo fondamentale nel plasmare l'interpretazione di azioni e parole, poiché fornisce lo sfondo su cui avviene la comunicazione. Ciò che può sembrare chiaro in un contesto può essere avvolto nell'oscurità in un altro, portando a potenziali incomprensioni. Le differenze culturali amplificano ulteriormente questa complessità, poiché norme, valori e costumi diversi plasmano la lente attraverso cui gli individui percepiscono e comprendono le informazioni. Un'azione che ha un significato particolare in una cultura può avere una connotazione completamente diversa in un'altra, aprendo la strada a interpretazioni errate.

Inoltre, i pregiudizi personali agiscono come filtri attraverso cui gli individui elaborano le informazioni. Questi pregiudizi, derivanti da esperienze passate, convinzioni e preconcetti, spesso colorano l'interpretazione delle comunicazioni, portando a potenziali divergenze dal significato previsto. Comprendere queste dinamiche intricate è fondamentale per promuovere una comunicazione efficace e mitigare i malintesi. Navigare nel delicato equilibrio tra chiarezza e oscurità richiede un'acuta consapevolezza dei fattori multiformi che influenzano la percezione e l'interpretazione.

Nel tentativo di essere compresi ed evitare incomprensioni, gli individui spesso si trovano a navigare attraverso una complessa interazione tra chiarezza e oscurità. Raggiungere un equilibrio tra questi due estremi è essenziale per promuovere una comunicazione efficace e una comprensione reciproca. Il viaggio verso la chiarezza implica l'articolazione di pensieri e idee in modo lucido ed esplicito, consentendo al messaggio previsto di risuonare con il pubblico. Tuttavia, un'eccessiva enfasi sulla precisione può portare a rigidità e mancanza di sfumature, con conseguente rappresentazione semplificata di concetti complessi.

D'altro canto, l'oscurità pone le sue sfide, poiché un'abbondanza di vaghezza e ambiguità può ostacolare la trasmissione del significato, lasciando spazio a interpretazioni diverse e spesso divergenti. Questo enigma spinge gli individui a procedere con cautela lungo la linea sottile che separa la chiarezza dall'oscurità, riconoscendo le potenziali insidie associate a entrambe le estremità dello spettro. Navigare in questo delicato equilibrio richiede la coltivazione del discernimento e della sensibilità alle sfumature contestuali, consentendo l'adattamento fluido delle strategie di comunicazione in base alle esigenze specifiche e alla ricettività del pubblico. Inoltre, richiede un apprezzamento per la multidimensionalità del linguaggio e le diverse lenti attraverso cui gli individui percepiscono ed elaborano le informazioni. Abbracciare le complessità intrinseche della comunicazione, caratterizzate dalla sua intersezione di soggettività e oggettività, consente agli individui di affrontare le interazioni con umiltà e apertura, riconoscendo la ricchezza che nasce dalla coesistenza di diverse prospettive.

La navigazione del percorso tra chiarezza e oscurità richiede un impegno all'ascolto attivo e al dialogo autentico. Coinvolgendo attentamente diversi punti di vista e riconoscendo le complessità che sostengono diverse modalità di comprensione, gli individui gettano le basi per una comunicazione significativa e inclusiva. Questo approccio deliberato ed empatico serve a colmare il divario tra punti di vista distinti, facilitando una convergenza armoniosa verso un significato condiviso e una comprensione reciproca.

Capitolo 71 - Riconoscere l'ignoranza come saggezza:

1. Il paradosso della conoscenza e dell'ignoranza:
In questo capitolo, Laozi suggerisce che la vera saggezza risiede nel riconoscere i propri limiti e nell'abbracciare uno stato di "sapere senza sapere". Questa nozione enigmatica ci

costringe a riconsiderare la nostra tradizionale comprensione della conoscenza come una forma di padronanza intellettuale, spingendoci invece ad abbracciare un approccio più umile all'apprendimento e alla comprensione. Gli insegnamenti di Laozi ci spingono a contemplare i limiti della conoscenza umana e i potenziali pericoli di un'eccessiva certezza.

Mettendo in discussione l'essenza stessa della conoscenza e la sua relazione con l'ignoranza, Laozi incoraggia un cambiamento di prospettiva, invitando i lettori a esplorare l'interconnessione tra saggezza e umiltà. Le sue intuizioni ci sfidano a riconoscere che la comprensione genuina trascende le attività intellettuali, sottolineando il valore della conoscenza intuitiva ed esperienziale rispetto alla saggezza accademica o teorica. In questo modo, Laozi ci spinge a rivalutare i nostri atteggiamenti verso la conoscenza e l'ignoranza, guidandoci verso un apprezzamento più profondo per i misteri intrinseci dell'esistenza.

D'altro canto, è nella natura paradossale del riconoscimento dei nostri limiti che si apre lo sviluppo della saggezza autentica. Riconoscendo ciò che non sappiamo, ci apriamo a infinite possibilità di crescita e comprensione. Questa sezione mira a sezionare gli strati intricati di questo concetto e a svelare il significato dell'accettazione delle nostre inadeguatezze come percorso verso l'illuminazione.

In primo luogo, riconoscere i propri limiti favorisce l'umiltà e previene l'arroganza intellettuale. Il riconoscimento che la nostra conoscenza è finita ci protegge dal concetto di presunzione di comprensione assoluta. Quando abbracciamo l'idea che la saggezza sia una ricerca continua piuttosto che una destinazione, coltiviamo una mentalità permeata di apertura e ricettività. Ciò apre la strada all'apprendimento continuo e all'accettazione di prospettive al di là delle nostre. In questo senso, realizzare i limiti della nostra conoscenza diventa una realizzazione che dà potere piuttosto che un ostacolo.

Inoltre, riconoscere l'ignoranza come saggezza libera dal peso di cercare di sapere tutto. Ci spinge a cercare la conoscenza non per accumulare informazioni, ma allo scopo di ottenere intuizioni più profonde. Questo cambiamento di prospettiva promuove un approccio olistico all'apprendimento, spingendoci a dare priorità alla qualità rispetto alla quantità nella nostra ricerca della conoscenza. Come illustra Laozi, "Rendersi conto di non capire è una virtù; non rendersi conto di non capire è un difetto". Questo aforisma paradossale sottolinea il valore intrinseco nel riconoscere le nostre lacune cognitive.

L'atto di abbracciare i nostri limiti accresce la nostra capacità di pensiero critico e di risoluzione dei problemi. Confrontandoci con ciò che non comprendiamo, siamo spinti a fare domande, cercare una guida e impegnarci nell'introspezione. Questo processo dinamico porta allo sviluppo arricchito di capacità analitiche e al perfezionamento delle nostre facoltà di discernimento. Attraverso questa autoconsapevolezza, acquisiamo la resilienza per navigare le complessità della vita con una comprensione equilibrata dei nostri punti di forza e delle aree di miglioramento.

Capitolo 72 - Autocoscienza e modestia:

1. L'essenza della consapevolezza di sé:
L'autoconsapevolezza rappresenta il riconoscimento e la comprensione coscienti dei propri pensieri, emozioni e comportamenti. Nel contesto degli insegnamenti taoisti, l'autoconsapevolezza è considerata fondamentale per raggiungere la tranquillità interiore e l'armonia con l'ordine naturale dell'universo. Implica introspezione e contemplazione, scavando in

profondità nella comprensione della vera natura del sé senza le distrazioni dell'ego e del desiderio.

La filosofia taoista sottolinea che l'autoconsapevolezza trascende la mera autoriflessione; implica il riconoscimento dell'interconnessione tra sé e il mondo esterno. Questa realizzazione promuove un profondo senso di empatia e compassione, consentendo agli individui di coltivare relazioni armoniose con gli altri e l'ambiente. Attraverso la coltivazione dell'autoconsapevolezza, gli individui si sforzano di allineare le proprie azioni con il flusso naturale del Tao, incarnando così i principi di spontaneità ed esistenza senza sforzo.

Inoltre, l'autoconsapevolezza nella filosofia taoista comprende la pratica della consapevolezza, ovvero essere pienamente presenti nel momento presente senza giudizio o attaccamento. Questa consapevolezza consente agli individui di sperimentare la vita in modo autentico, senza il peso dei rimpianti del passato o delle ansie sul futuro. Abbracciando il presente con maggiore consapevolezza, gli individui si collegano con la semplicità e la bellezza intrinseche dell'esistenza, favorendo un profondo senso di gratitudine e appagamento.

2. La modestia come virtù:
La modestia non è semplicemente un atteggiamento esteriore di umiltà, ma un profondo atteggiamento interiore che plasma le interazioni e le percezioni di una persona. Nel Tao Te Ching, Laozi sottolinea il valore della modestia descrivendola come un'espressione naturale di allineamento con il Tao. La modestia incoraggia gli individui a trascendere i loro desideri guidati dall'ego e le lotte di potere, promuovendo un ambiente di rispetto e comprensione reciproci. Questa virtù funge anche da meccanismo per mitigare i conflitti e promuovere il consenso, poiché sposta l'attenzione dall'importanza personale al benessere collettivo.

La pratica della modestia comprende vari aspetti della vita, tra cui la condotta personale, le interazioni sociali e la leadership. Nella condotta personale, la modestia si manifesta come un genuino riconoscimento dei propri punti di forza e dei propri limiti senza la necessità di eccessive ostentazioni o autopromozione. Comporta l'essere aperti all'apprendimento dagli altri e il riconoscimento della saggezza presente in diverse prospettive. Coltivare la modestia nelle interazioni sociali implica ascoltare attentamente, esprimere gratitudine e astenersi dall'arroganza o dalla condiscendenza. Attraverso queste azioni, gli individui contribuiscono a un tessuto sociale armonioso basato sull'apprezzamento reciproco e sull'empatia. Inoltre, nel regno della leadership, abbracciare la modestia consente ai leader di governare con saggezza e compassione piuttosto che con autorità autoritaria. I leader modesti ispirano fiducia e collaborazione, favorendo così un ambiente in cui gli obiettivi collettivi hanno la precedenza sull'esaltazione personale.

La pratica della modestia si allinea con l'enfasi taoista sulla semplicità e la non-contesa. Evitando ostentazioni e competizione non necessaria, gli individui possono liberarsi dal peso della ricerca dello status e delle pressioni sociali. La modestia incoraggia gli individui a trovare appagamento nel momento presente e ad apprezzare il valore intrinseco della semplicità. Questa prospettiva consente alle persone di trovare appagamento in connessioni ed esperienze significative piuttosto che in beni materiali o risultati superficiali. Di conseguenza, la coltivazione della modestia contribuisce a uno stile di vita più sostenibile e appagante, guidato dall'autenticità interiore e dall'armonia con l'ordine naturale.

Capitolo 73 - Il potere dell'azione sottile:

Il principio wei wu wei costituisce il fondamento della comprensione dell'azione sottile all'interno del quadro taoista.

Contrariamente alla nozione convenzionale di azione, in cui misure forti e palesi sono spesso impiegate per ottenere un cambiamento o raggiungere obiettivi, la filosofia taoista sostiene un approccio più sfumato che si allinea con l'ordine naturale delle cose. Wei wu wei invita gli individui ad agire senza sforzo in armonia con il flusso dell'universo, evitando sforzi inutili e consentendo ai risultati di svilupparsi organicamente. Nell'abbracciare questa mentalità, si coltiva una profonda comprensione del potere insito nella sottigliezza, riconoscendo che le azioni di impatto non devono essere evidenti o forti. Invece, possono essere sobrie, gentili e discrete, ma esercitare un'immensa influenza. Attraverso la pratica di wei wu wei, i taoisti cercano di operare da una posizione di profonda intuizione e spontaneità, consentendo loro di navigare nelle complessità della vita con grazia e facilità. In quanto tale, il concetto di azione sottile si estende ben oltre le semplici azioni fisiche, comprendendo atteggiamenti, intenzioni e l'allineamento del proprio essere interiore con il flusso e riflusso dell'esistenza. Questo profondo cambiamento di prospettiva genera una maggiore sensibilità al mondo, favorendo un'acuta consapevolezza delle correnti sottili in gioco in ogni situazione. Di conseguenza, i praticanti della filosofia taoista diventano abili nel discernere i momenti opportuni per un intervento strategico, sapendo quando agire e, altrettanto cruciale, quando astenersi. Inoltre, abbracciando l'arte dell'azione sottile, gli individui coltivano un profondo senso di tranquillità interiore e compostezza, liberati dalla futile ricerca di controllo e manipolazione. Invece, imparano a fidarsi dello svolgimento organico degli eventi, sintonizzandosi sul ritmo della natura e arrendendosi alla sua intelligenza intrinseca. In definitiva, la comprensione della sottigliezza nell'azione taoista consente agli individui di armonizzarsi con i principi fondamentali che governano l'universo, conducendoli verso uno stato di esistenza senza sforzo e allineata.

Capitolo 74 - Governare la morte e la vita:

Nell'esaminare il paradosso del controllo sulla vita e sulla morte, ci troviamo di fronte al principio taoista di non interferenza e all'ordine naturale. Gli insegnamenti di Laozi sottolineano l'inutilità di tentare di esercitare un controllo eccessivo su circostanze che intrinsecamente trascendono l'agenzia umana. Nel contesto della governance, questo principio sottolinea l'inevitabile imprevedibilità della vita e della morte, indipendentemente dall'intervento umano. Cercando di dominare o manipolare il corso della vita, si incorre spesso in conseguenze indesiderate, interrompendo l'equilibrio armonioso insito nel Tao.

Il taoismo sostiene l'allineamento con il flusso della natura e l'accettazione della ciclicità della vita, che include l'inevitabilità della mortalità. Più si tenta di affermare l'autorità sulla mortalità, più questa diventa sfuggente e intangibile. La saggezza di Laozi invita a riflettere sulle implicazioni dello sforzo di governare l'inafferrabile, così come sulle potenziali ripercussioni di tali sforzi. I suoi insegnamenti implorano i leader di riconoscere i limiti del loro controllo e di abbracciare l'umiltà di fronte alla vita e alla morte.

Inoltre, il Tao Te Ching sottolinea l'interconnessione di tutti i fenomeni e la continua trasformazione dell'esistenza. Nel riconoscere l'interconnessione di vita e morte, la ricerca del controllo su questi aspetti fondamentali diventa un esercizio di opposizione all'ordine naturale. Tale opposizione inevitabilmente si traduce in disarmonia e squilibrio, che alla fine portano a insoddisfazione e sofferenza. Attraverso questa comprensione, Laozi spinge gli individui ad abbandonare l'illusione del potere assoluto e ad adottare una posizione di facilitazione osservante all'interno del flusso e riflusso della vita e della morte.

Pertanto, il paradosso del controllo sulla vita e sulla morte illumina le conseguenze della deviazione dal percorso di minor resistenza, un percorso caratterizzato da ricettività, adattabilità e rispetto per i ritmi intrinseci dell'esistenza. Questa prospettiva taoista sfida i leader a riconsiderare i loro approcci alla governance, incoraggiando un orientamento verso l'armonia con l'ordine naturale piuttosto che sforzi per soggiogare le correnti in continua evoluzione della vita e della morte.

D'altro canto, Laozi sottolinea l'importanza di comprendere i cicli naturali della vita e della morte e i limiti del controllo umano su queste forze. Consiglia ai leader di governare con una profonda consapevolezza dell'impermanenza della vita, esortandoli a coltivare umiltà e saggezza di fronte alla mortalità.

Secondo il Tao Te Ching, una leadership efficace implica l'accettazione del flusso e riflusso dell'esistenza senza cercare di forzare i risultati oltre l'ordine naturale. Invece di cercare di esercitare il dominio sulla vita e sulla morte, i leader sono incoraggiati ad allinearsi con i ritmi intrinseci dell'esistenza, riconoscendo che il vero potere risiede nell'armonizzazione con il cosmo piuttosto che nel tentativo di sfidarne le leggi.

Inoltre, le prospettive di Laozi gettano luce sull'interconnessione di tutti gli esseri viventi, sottolineando la relazione simbiotica tra leader e loro elettori. Egli sostiene uno stile di leadership allineato al Tao, in cui i leader agiscono come facilitatori dei processi naturali piuttosto che imporre la propria volontà agli altri. Questo approccio comporta il riconoscimento della natura transitoria della vita e delle responsabilità che derivano dall'esercitare influenza sugli altri.

Laozi mette in guardia contro le insidie della leadership guidata dall'ego, avvertendo che una fissazione sull'immortalità e l'eredità può portare a una governance distruttiva. Invece, incoraggia i leader a dare priorità al benessere del loro popolo e alla sostenibilità delle loro azioni, riconoscendo che la vera leadership trascende le ambizioni e i desideri individuali.

In definitiva, abbracciando l'inevitabilità della mortalità e l'interconnessione di tutta la vita, i leader possono coltivare un modello di leadership più compassionevole e sostenibile che serva il bene comune. Queste intuizioni senza tempo continuano a risuonare nei contesti moderni, offrendo lezioni preziose per i leader contemporanei che cercano di governare con saggezza, integrità e un profondo rispetto per l'equilibrio intrinseco tra vita e morte.

Capitolo 75 - La follia dei desideri eccessivi:

1. Panoramica concettuale:
Il desiderio è percepito come un aspetto fondamentale dell'esistenza umana, intricatamente intrecciato con il flusso e riflusso della vita. È riconosciuto che il desiderio, quando equilibrato e contenuto, può essere un catalizzatore per la crescita personale, la motivazione e la realizzazione. Tuttavia, gli insegnamenti mettono anche in guardia contro i pericoli dei desideri eccessivi, sottolineando la necessità di moderazione e armonia interiore. Le prospettive storiche e filosofiche sul desiderio all'interno del taoismo risalgono a secoli fa, con studiosi e saggi che ne hanno esposto le complessità. I saggi taoisti hanno contemplato la natura transitoria e illusoria dei desideri mondani, evidenziandone il potenziale di sviare gli individui dal percorso della contentezza e della tranquillità spirituale. È attraverso questa lente di contemplazione che otteniamo una visione dell'interazione sfumata tra desiderio, vita virtuosa e raggiungimento della pace interiore.

2. Conseguenze dei desideri eccessivi sul benessere individuale:

I desideri eccessivi, se non controllati, possono agire come una forza perniciosa che mina il benessere individuale in varie sfere della vita. In sostanza, la ricerca incessante di beni materiali, status o piaceri sensoriali può portare a profonda insoddisfazione e tumulto interiore. Psicologicamente, gli individui gravati da desideri insaziabili spesso sperimentano livelli elevati di stress, ansia e disagio emotivo. Questa costante brama di avere di più crea un ciclo perpetuo di insoddisfazione, lasciando gli individui perpetuamente insoddisfatti nonostante le loro acquisizioni.

Inoltre, i desideri eccessivi possono erodere la chiarezza mentale, portando a un processo decisionale compromesso e a una mancanza di concentrazione. Tali individui possono trovare difficile stabilire le priorità dei propri obiettivi, rimanendo invischiati in un ciclo di gratificazione a breve termine piuttosto che perseguire la realizzazione a lungo termine. Oltre al regno della psicologia, anche gli impatti fisici del desiderio sfrenato sono palpabili. Il consumo o l'indulgenza smodata possono portare a risultati dannosi per la salute come obesità, abuso di sostanze ed esaurimento fisico, compromettendo così la vitalità e la resilienza complessive. È importante notare che le ramificazioni dei desideri eccessivi si estendono oltre il livello individuale e permeano le relazioni interpersonali.

La ricerca ostinata dell'autogratificazione può alimentare l'egocentrismo, smussando l'empatia e la compassione verso gli altri. Di conseguenza, gli individui guidati esclusivamente dai propri desideri rischiano di minare i legami che hanno con la famiglia, gli amici e le comunità più ampie, fratturando in ultima analisi le reti di supporto chiave che contribuiscono al benessere emotivo. In sintesi, le conseguenze dei desideri incontrollati sul benessere individuale sono multistrato, culminando in tensione psicologica, salute fisica compromessa e legami sociali tesi.

3. Attenuare il desiderio:

I desideri eccessivi possono avere effetti dannosi sul benessere di un individuo, influenzando vari aspetti della vita, tra cui la salute mentale, la stabilità emotiva e la soddisfazione generale. Coltivare la moderazione nei desideri è fondamentale per raggiungere un'esistenza equilibrata e armoniosa, da qui la necessità di strategie che gli individui possono impiegare per mitigare i desideri eccessivi e coltivare la moderazione.

- Autoconsapevolezza e consapevolezza: sviluppare una profonda comprensione dei propri desideri e motivazioni più intimi è fondamentale per mitigare i desideri eccessivi. Praticare la consapevolezza consente agli individui di osservare consapevolmente i propri pensieri ed emozioni senza giudizio, ottenendo così una visione delle cause profonde dei propri desideri. Promuovendo l'autoconsapevolezza, gli individui possono identificare quando i propri desideri stanno diventando eccessivi e adottare misure proattive verso la moderazione.

- Abbracciare la contentezza: coltivare una mentalità di contentezza implica apprezzare e trovare appagamento nel momento presente, piuttosto che sforzarsi costantemente di ottenere di più. Spostare l'attenzione verso la gratitudine per ciò che si possiede già può mitigare l'impulso per i desideri eccessivi. Impegnarsi in pratiche di gratitudine, come tenere un diario della gratitudine o esprimere apprezzamento per i piaceri semplici, può promuovere la contentezza e diminuire l'urgenza di perseguire desideri eccessivi.

- Definire priorità e valori chiari: definire priorità chiare e allinearle ai valori personali è fondamentale per mitigare i desideri eccessivi. Discernendo ciò che conta davvero e ha un significato autentico, gli individui possono incanalare la propria energia e le proprie risorse verso la realizzazione di sforzi che risuonano con i propri valori fondamentali. Questa attenzione deliberata riduce al minimo la tendenza verso desideri frivoli e promuove un senso di vita con uno scopo.

- Praticare il distacco: distaccarsi dai risultati dei desideri e rinunciare agli attaccamenti a risultati specifici può ridurre l'intensità di desideri eccessivi. Abbracciare il distacco non significa apatia o disimpegno, ma piuttosto un sano non attaccamento a desideri transitori che possono portare al malcontento. Allentare la presa sulle aspettative consente agli individui di gestire i desideri con una prospettiva equilibrata e di abbracciare i risultati con equanimità.

- Cercare supporto e responsabilità: circondarsi di una rete di supporto di individui che danno priorità alla moderazione e condividono valori simili può rafforzare la ricerca della moderazione nei desideri. Cercare partner responsabili o unirsi a comunità che promuovono una vita consapevole e strategie pratiche per mitigare i desideri eccessivi può fornire un prezioso incoraggiamento e rinforzo.

Capitolo 76 - Forza nella flessibilità e nella gentilezza:

Gli insegnamenti di Laozi nel Tao Te Ching sottolineano spesso la natura paradossale della forza e del potere. Il concetto di "flessibilità" come fonte di forza è profondamente radicato negli elementi naturali e uno degli esempi più esemplificativi deriva dalla capacità dell'acqua di superare la durezza della roccia. Esplorando questa metafora, possiamo ottenere intuizioni profonde sulla filosofia di Laozi. L'acqua, sebbene morbida e fluida, ha la straordinaria capacità di erodere gradualmente anche le sostanze più dure nel tempo. Questo principio incarna l'essenza della flessibilità: la capacità di adattarsi e persistere senza forza o resistenza. Allo stesso modo, Laozi ci incoraggia a incarnare questa fluidità nelle nostre vite, per navigare attraverso le sfide con facilità e resilienza. Nel comprendere il paradosso della forza attraverso la flessibilità, ci rendiamo conto che il vero potere non si manifesta sempre in palesi dimostrazioni di forza, ma piuttosto nella capacità di cedere e fluire come l'acqua. Quindi, contemplando la natura dell'acqua, iniziamo a percepire il potenziale trasformativo di abbracciare la flessibilità come pilastro di forza.

Capitolo 77 - La via del cielo e dell'equilibrio:

1. Il principio di equilibrio nel Tao:
Nel taoismo, il concetto di equilibrio è fondamentale, riflettendo l'essenza dell'ordine naturale e dell'armonia. Il principio di equilibrio sottolinea la necessità di mantenere uno stato di equilibrio in tutti gli aspetti della vita. Questo equilibrio comprende non solo il mondo fisico, ma anche i regni spirituale ed emotivo. Comporta l'allineamento di sé stessi con il ritmo naturale dell'universo, simile al flusso e riflusso delle maree o al cambio delle stagioni.

Un principio fondamentale di questo principio è il riconoscimento che gli estremi devono essere evitati, poiché interrompono il delicato equilibrio insito in tutte le cose. Attraverso l'introspezione e l'autoconsapevolezza, gli individui possono sforzarsi di raggiungere uno stato di equilibrio, favorendo serenità e appagamento nelle loro vite. L'enfasi sull'equilibrio nel taoismo si estende oltre l'individuo, permeando le relazioni umane e le strutture sociali. Abbracciando il principio di equilibrio, i praticanti del taoismo cercano di promuovere l'armonia all'interno delle comunità e la pacifica coesistenza tra le persone. Questa filosofia sottolinea l'importanza di riconoscere l'interconnessione di tutti gli esseri viventi, cercando di stabilire l'equilibrio sia nelle interazioni personali che nelle dinamiche sociali più ampie.

Inoltre, il raggiungimento dell'equilibrio nel taoismo è intrinsecamente legato alla nozione di wei wu wei, o "azione attraverso la non-azione". Questo concetto sottolinea il significato dell'azione senza sforzo, che lavora in tandem con il flusso naturale degli eventi. Incarnando questo principio, si possono affrontare le sfide della vita senza forzare i risultati, consentendo alle circostanze di svolgersi organicamente. Praticare il principio di equilibrio non implica un approccio passivo o indifferente alla vita; piuttosto, incoraggia gli individui ad allineare le proprie azioni con l'ordine sottostante dell'universo, con conseguente senso di facilità e fluidità. In definitiva, il principio di equilibrio nel taoismo funge da forza guida per vivere in accordo con il modo naturale del mondo, promuovendo un duraturo senso di pace e allineamento con il cosmo.

2. La metafora dell'arco:
L'arco, come descritto da Laozi, rappresenta l'equilibrio olistico e l'unità armoniosa insiti nella visione del mondo taoista. Quando studiamo la metafora dell'arco, siamo spinti a riflettere sul suo significato simbolico e a estrarre significati più profondi che ci offrono preziose intuizioni sulla natura dell'esistenza. Il concetto taoista di equilibrio è racchiuso nell'immagine dell'arco, che funge da potente emblema di equilibrio e armonia. Proprio come un arco deve essere correttamente teso per funzionare efficacemente, anche le nostre vite devono mantenere un delicato ma resiliente equilibrio per navigare nelle complessità dell'esistenza. Comprendere questa metafora ci consente di apprezzare l'importanza dell'equilibrio in tutti gli aspetti della nostra vita.

Quando interpretiamo la metafora dell'arco, siamo spinti a considerare l'interazione dinamica di forze opposte. La corda dell'arco rappresenta la tensione, mentre l'arco stesso incarna la flessibilità. Questa giustapposizione di elementi opposti simboleggia la natura complementare ma contraddittoria dell'esistenza. Nel cercare di emulare le qualità dell'arco, siamo incoraggiati ad abbracciare la dualità e riconoscere l'armonia intrinseca all'interno di apparenti contrasti. La comprensione taoista della metafora dell'arco si estende oltre gli attributi fisici dell'arma e ci invita a contemplare le implicazioni filosofiche dell'equilibrio e dell'interconnessione nelle nostre vite.

Inoltre, la metafora dell'arco invita all'introspezione sulle nostre dinamiche interne. Proprio come la freccia deve essere scoccata dall'arco con precisione e scopo, ci viene ricordata la necessità di allineare le nostre intenzioni con le nostre azioni. Lo scocco della freccia illustra il culmine di preparazione, concentrazione e intenzione. Allo stesso modo, nelle nostre vite, dobbiamo coltivare consapevolezza e chiarezza di scopo per garantire che i nostri sforzi siano spinti con una direzione mirata. Questa riflessione sulla metafora dell'arco sottolinea la necessità di intenzionalità e allineamento consapevole con l'ordine naturale delle cose.

La metafora dell'arco non è solo un concetto astratto, ma offre anche una rilevanza pratica ai nostri stili di vita contemporanei. In un mondo caratterizzato da rapidi cambiamenti e richieste persistenti, la metafora taoista dell'arco impartisce una saggezza senza tempo. Mantenendo l'equilibrio e la flessibilità simili all'arco, possiamo affrontare le sfide della vita con aggraziata adattabilità. Inoltre, comprendere l'arco come rappresentazione di armonia ed equilibrio ci consente di adottare un approccio equilibrato al processo decisionale, alle relazioni e al benessere personale. Attraverso l'emulazione dell'equilibrio e della resilienza dell'arco, troviamo una guida per incarnare la grazia sotto pressione e rimanere centrati in mezzo alle fluttuazioni della vita.

Capitolo 78 - La vulnerabilità come fonte di forza:

La vulnerabilità è stata spesso associata a debolezza e svantaggio in vari periodi storici. Nei testi antichi, la vulnerabilità era spesso raffigurata come un segno di fragilità o inadeguatezza, portando gli individui a essere percepiti come inferiori o inefficaci. Ad esempio, in antichi trattati militari come "L'arte della guerra" di Sun Tzu, la vulnerabilità era raffigurata come una vulnerabilità critica che poteva portare alla sconfitta in battaglia. L'enfasi era sul rafforzamento delle proprie difese e sul nascondere le vulnerabilità per mantenere un'apparenza di invincibilità. Questa percezione della vulnerabilità come una responsabilità è persistita attraverso molte epoche, creando uno stigma sociale contro la dimostrazione di qualsiasi forma di suscettibilità.

Tuttavia, con il progredire delle società e l'evoluzione delle ideologie filosofiche, la comprensione della vulnerabilità ha iniziato a subire una trasformazione. Negli insegnamenti delle filosofie orientali, come il taoismo e il buddismo zen, la vulnerabilità non era più vista come un difetto, ma piuttosto come un aspetto integrante dell'esistenza umana. L'abbraccio della vulnerabilità era considerato essenziale per coltivare empatia, compassione e autentiche connessioni umane. Questa divergenza di prospettiva ha portato a un cambiamento nell'interpretazione della vulnerabilità, riconoscendola come una fonte di forza piuttosto che una mancanza.

Inoltre, nella letteratura e nell'arte, la vulnerabilità ha iniziato a essere rappresentata come un catalizzatore per la creatività, la resilienza e la profondità emotiva. I dipinti rinascimentali spesso ritraevano la vulnerabilità come un elemento di bellezza e autenticità, sfidando la nozione tradizionale di debolezza. La raffigurazione di figure vulnerabili nell'arte e nella letteratura esemplificava l'espressione artistica della fragilità umana, evocando empatia e introspezione tra spettatori e lettori.

Inoltre, il XX secolo ha assistito a un significativo cambiamento di paradigma nella percezione della vulnerabilità, in particolare nel campo della psicologia e della salute mentale. Psicologi pionieri come Carl Rogers hanno sottolineato l'importanza di riconoscere e abbracciare la vulnerabilità come parte del processo di autorealizzazione e crescita personale. La vulnerabilità è diventata sinonimo di coraggio e autenticità, segnando un allontanamento dalla sua storica associazione con la debolezza.

D'altro canto, Laozi introduce l'idea paradossale che abbracciare la propria vulnerabilità può essere una fonte di vera forza. Da un punto di vista filosofico, questo concetto può essere profondamente trasformativo e offre una nuova prospettiva sulla natura e l'esistenza umana.

In sostanza, la nozione di forza nella debolezza ci invita a rivalutare la nostra comprensione delle dinamiche di potere e del successo. Esorta gli individui a riconoscere il valore intrinseco di umiltà, empatia e autenticità, caratteristiche spesso associate alla vulnerabilità. Riconoscendo e abbracciando le nostre vulnerabilità, ci apriamo a connessioni genuine con gli altri e promuoviamo un ambiente di fiducia e supporto reciproco. Questa analisi filosofica evidenzia il profondo impatto della vulnerabilità sulla crescita individuale e sulle relazioni interpersonali.

L'esame filosofico della forza nella debolezza approfondisce l'aspetto esistenziale dell'esperienza umana. Contrariamente alla saggezza convenzionale, la vulnerabilità non è un segno di inadeguatezza, ma piuttosto un'espressione della nostra umanità condivisa. Gli insegnamenti di Laozi ci incoraggiano ad abbandonare la facciata di invincibilità e ad affrontare la fragilità intrinseca della nostra condizione. Questo fondamentale cambiamento di prospettiva scoraggia la ricerca del dominio e del controllo, enfatizzando invece la bellezza e la resilienza che si trovano nell'accettare le nostre vulnerabilità. L'esplorazione filosofica della forza nella debolezza spinge quindi a una rivalutazione delle norme sociali e dei valori personali, sostenendo un approccio alla vita più compassionevole ed empatico.

Capitolo 79 - Risoluzione dei conflitti e perdono:

Secondo gli insegnamenti di Laozi nel Tao Te Ching, i conflitti spesso emergono come risultato di individui che si aggrappano saldamente ai propri desideri e percezioni, creando così opposizione con altri che possono avere opinioni contrastanti. La ricerca del guadagno personale e l'attaccamento a risultati specifici sono visti come fonti primarie di discordia e disarmonia. Inoltre, incomprensioni radicate in prospettive e interpretazioni diverse possono esacerbare i conflitti, portando ad animosità e discordia all'interno delle relazioni interpersonali e delle strutture sociali più ampie.

Laozi sottolinea l'importanza di mantenere la compostezza e coltivare la tranquillità interiore di fronte ai conflitti. Sostenendo la pratica della non-azione, Laozi invita gli individui a liberarsi dal loro attaccamento a risultati specifici e a rinunciare al controllo eccessivo, favorendo così uno stato di pace interiore ed equanimità. Attraverso questo approccio, i conflitti sono percepiti come disturbi transitori all'interno del grande schema dell'esistenza, spingendo gli individui a cercare una comprensione più profonda oltre le controversie superficiali.

Inoltre, il perdono occupa un posto significativo negli insegnamenti del Taoismo, sottolineandone il potere trasformativo nel risolvere i conflitti e nel coltivare relazioni armoniose. Nel contesto della risoluzione dei conflitti, il perdono non è semplicemente un atto di assoluzione o di trascuratezza delle trasgressioni; piuttosto, incarna una profonda comprensione della natura umana e dell'interconnessione di tutti gli esseri. Gli insegnamenti di Laozi espongono la virtù del perdono come mezzo per trascendere il ciclo di ritorsione e vendetta, sostenendo un approccio compassionevole ed empatico verso coloro che hanno causato danni. Perdonando gli altri, gli individui coltivano la pace interiore e promuovono un clima di buona volontà e comprensione all'interno delle loro comunità.

In sostanza, il perdono implica il rilascio di risentimento e amarezza, liberandosi così dal peso emotivo dei torti passati. La filosofia taoista riconosce che nutrire rancori e cercare punizioni non fa che perpetuare discordia e sofferenza, sia a livello personale che sociale. Invece, il perdono consente agli individui di rinunciare all'influenza tossica della rabbia e dell'animosità, portando alla guarigione emotiva e alla liberazione. Attraverso il perdono, si abbraccia la saggezza del lasciar andare e si abbraccia una mentalità di empatia e benevolenza.

Inoltre, il perdono funge da catalizzatore per la riconciliazione e la guarigione, offrendo un percorso verso il ripristino della fiducia e la riparazione di relazioni fratturate. Laozi insegna che estendendo il perdono, gli individui aprono la strada alla comprensione reciproca e al dialogo, promuovendo un ambiente favorevole alla coesistenza pacifica. Promuove il ripristino dei legami spezzati e facilita la coltivazione di empatia e umiltà, elementi essenziali per costruire una società armoniosa. L'atto del perdono trascende la mera tolleranza; genera una compassione genuina e apre la strada a risoluzioni sostenibili dei conflitti.

Capitolo 80 - Società ideale:

L'esplorazione di Laozi di una società ideale attraverso la lente del taoismo rivela una profonda enfasi su armonia, autosufficienza e appagamento. Attraverso il paradigma wu wei, che suggerisce che la governance più efficace è quella che riduce al minimo le interferenze e consente agli individui di seguire la loro natura intrinseca, una società armoniosa nasce non da rigide leggi e regolamenti, ma da uno stato di equilibrio naturale in cui le persone sono incoraggiate a trovare appagamento nella semplicità.

A differenza di molti trattati filosofici sulla governance, il Tao Te Ching non prescrive codici o istituzioni specifici per raggiungere una società ideale. Invece, Laozi presenta un approccio più sfumato, sottolineando la coltivazione interiore e la promozione del carattere virtuoso come fondamento della coesione sociale. Questo concetto si allinea con la credenza taoista nello sviluppo organico della vita, suggerendo che una comunità veramente pacifica e prospera emerge quando gli individui aderiscono alla loro bussola morale intrinseca senza coercizione esterna.

Inoltre, Laozi immagina una società ideale caratterizzata da una leadership umile e altruistica. Il Tao Te Ching sostiene leader che governano con moderazione, incarnando qualità di modestia, compassione e pazienza. Questa enfasi sulla leadership virtuosa sottolinea l'importanza delle relazioni interpersonali nel plasmare il tessuto di una comunità armoniosa. Dimostrando integrità e benevolenza, gli individui in posizioni di autorità fungono da esempi di condotta etica, influenzando gli altri a coltivare la bontà e a contribuire positivamente al benessere collettivo.

Le relazioni interpersonali nel contesto di una società ideale sono descritte come reciprocamente solidali e radicate nell'empatia. Laozi incoraggia gli individui a interagire con umiltà, comprensione e un genuino riguardo per il benessere degli altri. Questa dinamica interpersonale promuove fiducia, cooperazione e un senso di interconnessione, elementi essenziali per il fiorire della comunità nel suo insieme.

In definitiva, la descrizione di una società ideale fatta da Laozi enfatizza il valore intrinseco della semplicità, della contentezza e della genuina connessione umana rispetto alla ricchezza materiale o allo status esteriore. Attraverso la coltivazione della virtù interiore e la pratica di relazioni armoniose, gli individui contribuiscono collettivamente alla creazione di una società caratterizzata da pace, equilibrio e prosperità reciproca.

Capitolo 81 - Semplicità e verità:

La semplicità nel taoismo si estende oltre i beni materiali e le apparenze esteriori; comprende anche aspetti mentali ed emotivi. Sostenendo una mente ordinata e un cuore puro, il taoismo incoraggia gli individui a rinunciare agli attaccamenti ai desideri, agli ego e alle pressioni sociali, raggiungendo così uno stato di serenità e pace interiore. Attraverso la pratica della semplicità, i taoisti cercano di raggiungere uno stato di essere equilibrato e tranquillo, libero dalle distrazioni e dai fardelli di desideri e ambizioni eccessivi.

Inoltre, l'esplorazione della semplicità nel Taoismo rivela un profondo apprezzamento per l'eleganza del minimalismo e il potere della verità disadorna. Invita i praticanti a spogliarsi di strati di artificialità e finzione, rivelando le verità essenziali che sostengono l'esistenza. Attraverso la coltivazione della semplicità, gli individui sono guidati a tornare al loro sé autentico, libero da facciate esterne e aspettative sociali. Questo processo di spogliazione delle illusioni porta a una maggiore consapevolezza della propria interconnessione con l'universo, favorendo un più profondo senso di scopo e realizzazione.

Nel Tao Te Ching, la verità è percepita come fluida, dinamica e intrinsecamente riflettente del naturale dispiegarsi della vita. Questa prospettiva sfumata spinge gli individui ad abbracciare l'umiltà e l'apertura mentale, riconoscendo che la verità può manifestarsi in modo diverso in diversi contesti e percezioni. Il concetto di wu wei, o azione senza sforzo, si interseca anche con la ricerca della verità, sottolineando l'importanza di sintonizzarsi con il flusso spontaneo dell'universo e di rinunciare all'attaccamento a rigide credenze o dogmi. Inoltre, gli insegnamenti taoisti evocano l'idea di "vuoto", in cui l'assenza di preconcetti consente agli individui di comprendere direttamente la natura autentica dell'esistenza e discernere le verità sottostanti che permeano la realtà.

Nel contemplare le implicazioni di questa profonda ricerca della verità, bisogna riconoscere le sue ripercussioni nella crescita personale, nell'armonia sociale e nella condotta etica. Quando gli individui coltivano un'acuta sensibilità alle sottigliezze della verità, gravitano naturalmente verso relazioni armoniose con gli altri e l'ambiente, promuovendo empatia, compassione e riverenza per l'interconnessione. La ricerca della verità nel taoismo diventa quindi un catalizzatore per coltivare virtù come integrità, sincerità e consapevolezza morale, plasmando gli individui in coscienziosi amministratori delle loro comunità e del mondo in generale. Inoltre, abbracciare la fluidità e il dinamismo della verità genera resilienza e adattabilità, dando potere agli individui per navigare le complessità dell'esistenza con grazia e saggezza.

In contesti contemporanei, le profonde intuizioni derivate dalle interpretazioni taoiste della verità hanno un enorme potenziale per arricchire numerosi aspetti degli sforzi umani, tra cui istruzione, governance, risoluzione dei conflitti e tutela ambientale. Integrando la prospettiva taoista sulla verità nei programmi educativi, gli individui possono sviluppare una comprensione olistica che trascende la mera conoscenza fattuale, promuovendo il pensiero critico, l'umiltà e un profondo apprezzamento per le diverse prospettive. Inoltre, nel regno della governance e dell'elaborazione delle politiche, il riconoscimento della fluidità della verità apre la strada a processi decisionali inclusivi che onorano la pluralità e le realtà multiformi. L'applicazione degli ideali taoisti riguardanti la verità informa anche approcci innovativi alla risoluzione dei conflitti, promuovendo il dialogo, l'empatia e la comprensione reciproca come componenti chiave degli sforzi sostenibili di costruzione della pace. Inoltre, nel regno della sostenibilità ambientale, la ricerca della verità nel taoismo sostiene la tutela consapevole del pianeta, guidando l'umanità verso pratiche ecologiche olistiche radicate nel rispetto della rete interconnessa della vita. In sostanza, la ricerca della verità all'interno della filosofia taoista risuona profondamente con la ricerca universale di saggezza e comprensione, offrendo intuizioni trasformative che si estendono ben oltre la contemplazione filosofica e si insinua nel tessuto delle nostre esperienze vissute.

Capitolo XV
50 CITAZIONI CHIAVE DI LAOZI

1.
"Un viaggio di mille miglia inizia con un singolo passo."

2.
"Se sei depresso, stai vivendo nel passato. Se sei ansioso, stai vivendo nel futuro. Se sei in pace, stai vivendo nel presente."

3.
"Il miglior combattente non è mai arrabbiato."

4.
"Preoccupati di ciò che pensano gli altri e sarai sempre loro prigioniero."

5.
"La conoscenza è un tesoro, ma la pratica è la chiave per ottenerla."

6.
"La natura non ha fretta, eppure tutto si compie."

7.
"Quando lascio andare ciò che sono, divento ciò che potrei essere."

8.
"A una mente che è immobile, l'intero universo si arrende."

9.
"Smetti di pensare e poni fine ai tuoi problemi."

10.
"Ho solo tre cose da insegnarti: semplicità, pazienza, compassione. Questi tre sono i tuoi più grandi tesori."

11.
"Hai la pazienza di aspettare che il fango si depositi e l'acqua diventi limpida?"

12.
"Smetti di partire e arriverai. Smetti di cercare e vedrai. Smetti di scappare e sarai trovato."

13.
"I grandi atti sono fatti di piccole azioni."

14.
"La perfezione è la volontà di essere imperfetti."

15.
"Quando ti accontenti di essere semplicemente te stesso e non ti confronti né competi con gli altri, tutti ti rispetteranno."

16.
"Essere amati profondamente da qualcuno ti dà forza, mentre amare qualcuno profondamente ti dà coraggio."

17.
"La musica nell'anima può essere ascoltata dall'universo."

18.
"Se non cambi direzione, potresti finire dove stai andando."

19.
"Ciò che il bruco chiama fine, il resto del mondo lo chiama farfalla."

20.
"Un buon viaggiatore non ha piani fissi e non ha intenzione di arrivare."

21.
"Accontentatevi di ciò che avete; gioite del modo in cui vanno le cose. Quando vi rendete conto che non vi manca nulla, il mondo intero vi appartiene."

22.
"Un uomo con coraggio esteriore osa morire; un uomo con coraggio interiore osa vivere."

23.
"Lasciando andare tutto si fa."

24.
"Coloro che fluiscono come scorre la vita sanno di non aver bisogno di altre forze."

25.
"Chi controlla gli altri può essere potente, ma chi ha dominato se stesso è ancora più potente."

26.
"Compi senza vantarti, realizza senza ostentazione, realizza senza arroganza, realizza senza appropriarti, realizza senza forzare."

27.
"La ragione per cui l'universo è eterno è che non vive per se stesso; dà vita agli altri mentre si trasforma."

28.
"La fiamma che brucia due volte più intensamente brucia per metà del tempo."

29.
"Agisci senza aspettative."

30.
"Se vuoi essere davanti, allora comportati come se fossi dietro."

31.
"Manifesta la semplicità, abbraccia la semplicità, riduci l'egoismo, abbi pochi desideri."

32.
"Se provi a cambiarlo, lo rovinerai. Prova a trattenerlo, e lo perderai."

33.
"Quelli che sanno non parlano. Quelli che parlano non sanno."

34.
"Il silenzio è fonte di grande forza."

35.
"Un leader è migliore quando le persone sanno a malapena che esiste, quando il suo lavoro è finito, il suo obiettivo è raggiunto, diranno: l'abbiamo fatto noi stessi."

36.
"Per raggiungere la conoscenza, aggiungi cose ogni giorno. Per raggiungere la saggezza, rimuovi cose ogni giorno."

37.
"Se correggi la tua mente, il resto della tua vita andrà a posto."

38.

"Non esiste pericolo più grande che sottovalutare il tuo avversario."

39.
"Non fare nulla è meglio che essere impegnati a non fare nulla."

40.
"Conoscere gli altri è intelligenza; conoscere se stessi è vera saggezza. Dominare gli altri è forza; dominare se stessi è vero potere. Se ti rendi conto di avere abbastanza, sei veramente ricco."

41.
"Il tuo futuro positivo inizia in questo momento. Tutto ciò che hai è il momento presente. Ogni obiettivo è possibile da qui."

42.
"Il modo di fare è essere."

43.
"Vedere le cose nel seme, questo è genio."

44.
"Rispondere in modo intelligente anche ai trattamenti non intelligenti."

45.
"Per tenere, devi prima aprire la mano. Lascia andare."

46.
"Non dare nulla a cui opporsi al male e scomparirà da solo."

47.
"La gentilezza nelle parole crea sicurezza. La gentilezza nel pensiero crea profondità. La gentilezza nel dare crea amore."

48.
"La verità non è sempre bella, né le belle parole sono la verità."

49.
"Non appena hai formulato un pensiero, ridine."

50.
"L'acqua fangosa, lasciata riposare, diventa limpida."